Let's Learn English with Pop Hits !

ポップスでスタート！ 基礎英語

By
Teruhiko Kadoyama
&
Timothy F. Hawthorne

SEIBIDO

photographs by

Getty Images

iStockphoto

音声ファイルのダウンロード／ストリーミング

CD マーク表示がある箇所は、音声を弊社 HP より無料でダウンロード／ストリーミングすることができます。トップページのバナーをクリックし、書籍検索してください。書籍詳細ページに音声ダウンロードアイコンがございますのでそちらから自習用音声としてご活用ください。

https://www.seibido.co.jp

Let's Learn English with Pop Hits!

はしがき

　本書はポップスを聴きながら英語特有の音声変化やリズムに慣れ親しみ、英語の基礎力をバランスよく向上させることを目的としています。また、普段意味をあまり考えずに聴いていることが多い英語の歌の内容を正確に知ることによって、英語の歌のみならず、英語そのものへの興味や関心を高めたいという願いも込められています。

　「英語の歌を聴いて歌詞をそのまま理解したい」と願う人は多いですが、聞き取りは容易ではありません。これは、音がつながったり、弱くなったりなど、様々な音声変化が起こっているためです。本書では、ヒット曲を聴きながら、こうした音声変化のポイントを体系的に習得できるようになっています。また、総合的な英語力を伸ばすことができるよう、文法問題、異文化トピックを扱った読解問題、アーティストに関する聞き取り問題など、多彩な演習が用意されています。この他、Web 英語学習システムの LINGUAPORTA（リンガポルタ）に対応しており、パソコンやスマートフォンを使ったモバイル・ラーニングが可能ですので、授業の復習に役立ててください。

　本書で取り上げた曲はすべて、株式会社ソニー・ミュージックジャパンインターナショナル発売のコンピレーション・アルバム "X'mas with You" に収録されており、長年親しまれている名曲ばかりです。

　本書は合計 14 Unit からなり、Unit の構成は次のようになっています。

■ **Warm-up**　授業で聴く曲の中に出てくる重要単語や表現、そして文法項目を取り上げていますので、あらかじめ確認しておくと聞き取りが易しく感じられるはずです。

■ **Let's Listen！**　曲を聴いて、アーティストが伝えようとしているメッセージを聞き取ってみましょう。YouTube などの動画共有サービスを活用してもよいでしょう。

■ **Let's Listen Again！**　歌詞の空欄補充問題を用意していますので、曲を再度聴きながら歌詞を完成させましょう。また、歌詞の日本語訳の空欄を完成させ、Let's Listen！ で選んだ解答が正解だったかどうか確認しましょう。

■ **Grammar**　Warm-up で取り上げた文法項目の確認問題です。

■ **Let's Read！**　曲やアーティストに関連した 100 ワード程度のパッセージを読んでみましょう。大意が理解できているかを試す確認問題が用意されています。

■ **Challenge Yourself！**　英語の資格試験としてよく知られている TOEIC Bridge® Test と似た形式のリスニング問題の中に、アーティストに関するトピックを盛り込んでいます。

■ **Let's Review！**　文法と表現の復習コーナーです。日本語の文を見てすぐさま対応する英文を言ってみるという Quick Response（即時反応）のトレーニングで、学習した内容が身についているかどうか確かめましょう。

　本書の刊行にあたっては、成美堂の佐野英一郎社長、そして編集の工藤隆志氏、萩原美奈子氏に多大なご尽力をいただきました。心からお礼を申し上げます。

　最後に、本書の企画に賛同し、オリジナル音源、アルバムジャケット等の使用をご快諾くださった株式会社ソニー・ミュージックジャパンインターナショナルならびにユニバーサルミュージック合同会社の方々にもこの場を借りてお礼を申し上げます。

角山照彦　Timothy F. Hawthorne

Contents

Unit 1

You're Beautiful

MARIA LAWSON

文法 ： be 動詞

　ジェイムス・ブラント（James Blunt）の大ヒット曲のカバー・バージョンです。原曲は、男性が女性のことを歌ったものですが、このマリア・ローソン（Maria Lawson）のカバーでは、女性が男性のことを歌うスタイルになっています。"You're beautiful" というシンプルな言葉の中に込められたメッセージを聞き取りましょう。

Warm-up　授業前に確認しておこう！

Vocabulary Preview

1〜10 の語句の意味として適切なものを a〜j の中から選びましょう。いずれも曲の中で使われるものです。

CD 1-02

1. subway	＿＿＿	a.	瞬間
2. share	＿＿＿	b.	本当の
3. catch one's eye	＿＿＿	c.	〜に違いない
4. must	＿＿＿	d.	素晴らしい
5. true	＿＿＿	e.	地下鉄
6. brilliant	＿＿＿	f.	分かち合う、共有する
7. crowded	＿＿＿	g.	純粋な
8. pure	＿＿＿	h.	混雑した
9. moment	＿＿＿	i.	天使
10. angel	＿＿＿	j.	（人）の目を引く

ビートに乗って 1〜10 の語句を発音してみましょう。

Grammar Point : be 動詞

Maria Lawson <u>is</u> a British singer.　　　（マリア・ローソンはイギリス人の歌手です）
She <u>was</u> born and raised in London.　　（彼女はロンドンで生まれ育ちました）

　<u>be 動詞</u>とは名詞や形容詞、場所を表す語句が後に続いて「〜である、〜にいる」という意味を表すもので、主語によっていろいろと形が変わります。また、「〜だった、〜にいた」と過去を表す場合も同じく変化します。下の表の空欄に枠の中から適切な動詞の形を選んで表を完成させましょう。

話し手のことを 1 人称、相手方を 2 人称、それ以外の人たちを 3 人称と言います。

主　　語			現在形	過去形
1 人称	単数（私）	I	*am*	
	複数（私たち）	we		
2 人称	単数（あなた）	you		
	複数（あなたたち）			
3 人称	単数（彼、彼女、それ）	he, she, it		
	複数（彼ら、それら）	they		

was
am ✓
is
are
were

「～ではない」という否定文にするときは、be 動詞のすぐ後に not をつけます。また、「～ですか？」という疑問文にするには be 動詞を主語の前に持ってきます。下の例文の日本語訳を完成させながら確認しましょう。

> is not = isn't, are not= aren't のように会話では短縮形がよく使われます。ただし、I am not は通常 I'm not となります。

My parents **aren't** interested in music at all. How about yours?
(　　　　　　　　　　　　　　　　　　　　　　　　　　)

I'm not a good singer. **Are** you good at singing?
(　　　　　　　　　　　　　　　　　　　　　　　　　　)

なお、疑問文を作る際には、when や where などの疑問詞がよく使われますが、これらは通常疑問文の始めに置かれます。下の表で確認した後、例文の日本語訳を完成させましょう。

what	何	who	誰	how	どのように
where	どこへ（で）	why	なぜ	how far	どれくらいの距離
when	いつ	which	どれ	how long	どれくらいの時間

You're Beautiful is my favorite song. **What's** yours?
(　　　　　　　　　　　　　　　　　　　)

What kinds of things are you interested in?
(　　　　　　　　　　　　　　　　　　　)

be 動詞は、単に「（～は）…である」と言う場合だけでなく、≪ be going to ≫の形で未来表現、≪ be + -ing ≫の形で進行形、≪ be + 過去分詞 ≫の形で受動態など、様々な表現で使われます。基本をしっかりと確認しておきましょう。

Let's Listen! 曲のメッセージを聞き取ろう！

曲を聴き、質問に対する答えとして最も適切なものを（A）～（C）の中から１つ選びましょう。

Question：What is the message of this song?

(A) You're beautiful, so I'm happy to be your girlfriend／boyfriend*.

(B) You're beautiful and I want to be your girlfriend／boyfriend*, but I know I can't.

(C) You're very beautiful, so I want to be just like you.

N O T E

＊男性歌唱の原曲の場合は boyfriend、女性歌唱の本カバーの場合は girlfriend を指します。

YOU'RE BEAUTIFUL
by James Blunt, Amanda Ghost and Sacha Skarbek
© 2004 by BUCKS MUSIC GROUP LTD
Permission granted by KEW MUSIC JAPAN CO., LTD.
Authorized for sale in Japan only.
© 2004 EMI Music Publishing Ltd.
The rights for Japan licensed to Sony Music Publishing (Japan) Inc.
© Downtown DMP Songs
Rights for Japan assigned to avex music publishing Inc.

Let's Listen Again!
歌詞を細部まで聞き取ろう！

曲をもう1度聴き、1〜15の問題のうち、選択肢があるものはその中から適切なものを選び、空欄になっているものはヒントを参考にして当てはまる語句を書き入れましょう。例えば、「c □□」は「c で始まる3文字の単語」（□が1文字）であることを示します。

1	My life is brilliant	私の人生は（　　　　　）
	My love ₁. is pure / was poor / isn't pure	私の愛は（　　　　　）
	I saw ₂. my angel / an angel / angels	（　　　　　）を見つけたの
	Of that I'm sure	それは本当
5	He smiled at me on the ₃. sad way / sideway / subway	彼は（　　　　）で私に微笑みかけてくれた
	He was with another ₄. g □□□	他の（　　　　）と一緒だったけど
	But I ₅. want / want to / won't lose no sleep on that,	でもそんなこと気にしないわ
	'cause I've got ₆. a plan / a plant / plants	だって私には（　　　　）があるから
	= because	
	You're beautiful	あなたは美しい
10	You're beautiful	あなたは美しい
	You're beautiful	あなたは美しい
	It's ₇. □□□□	それは（　　　　）
	I saw your face in a crowded ₈. p □□□□ ,	（　　　　　）であなたの顔を見かけたけど
	and I don't know ₉. what / word / work to do,	（　　　　　）私にはわからない
15	'cause I'll never be with you	だって（　　　　　　）
	Yeah, he ₁₀. called / caught / call my eye, as we	そう、私の目は釘付け
	walked on by	通り過ぎる彼の姿に
	You could see from my ₁₁. f □□□	私の（　　　　）を見れば
	that I was flying high	私が舞い上がっていたのがわかるはず
	興奮して、舞い上がって	
20	And I don't think that I'll see him again	（　　　　　　　）
	But we shared a ₁₂. m □□□□□ that will last	けど、永遠に続く瞬間を分かち合ったわ
	続く	
	till the end	
	= until the end of time 永遠に	
	You're beautiful	あなたは美しい
	You're beautiful	あなたは美しい

25 You're beautiful	あなたは美しい
It's 7. ☐☐☐☐	それは（　　　　　）
I saw your face in a crowded 8. p ☐☐☐☐ ,	（　　　　　）であなたの顔を見かけたけど
and I don't know 9. what / word / work to do,	（　　　　　）私にはわからない
'cause I'll never be with you	だって（　　　　　　　　）
30 You're beautiful	あなたは美しい
You're beautiful	あなたは美しい
You're beautiful	あなたは美しい
It's 7. ☐☐☐☐	それは（　　　　　）
There 13. m ☐☐☐ be an angel,	きっと（　　　）の天使がいて
35 with a 14. s ☐☐☐☐ on his face,	あなたにまた会うべきだと思ったのね
who thought up that I should be with you	
But it's 15. t ☐☐☐ to face the truth	けど、現実と向き合う（　　　　）だわ
現実を直視する	
I will never be with you	（　　　　　　　　　）

答えを確認したら、ペアで話し合いながら歌詞の日本語訳を完成させましょう。

Listening Tip

くだけた会話では、because [bikʌ́z/bikɔ́ːz] はしばしば be の部分を省略して「カズ」や「コズ」のように発音されます。実際、because は略式では 'cause や 'coz と書かれたりする場合もあります。インターネットの歌詞サイトなどでは cause と書かれている場合もありますが、cause と 'cause は別の単語なのでしっかり区別しておきましょう。

A 例にならい、カッコ内に適切な be 動詞を書き入れましょう。

例： Maria (*is*) from London.

1. I (　　　　) very busy yesterday.
2. They (　　　　) here until a while ago.
3. Maria doesn't talk very much. She (　　　　) quiet.
4. There (　　　　) a phone call for you a little earlier.

B 例にならい、AとBの対話が成り立つように枠の中から適切な疑問詞を選んで文を完成させましょう。

例： A： ___*Where is*___ Michael from?
　　 B： Chicago.

what	where ✓	how
when	why	how much
who	which	how far

1. A： _____ your favorite food?
   B： Pizza, of course. I eat it almost every day.
2. A： _____ that girl with the black jacket?
   B： You mean Beth? She moved here last month.
3. A： _____ your vacation?
   B： Very nice. We went to Hawaii.
4. A： I want to go to the library. _____ it from here?
   B： About one kilometer.

C 日本語の意味に合うようにカッコ内の語句を並び替え、英文を完成させましょう。ただし、文の始めにくる単語も小文字にしてあり、1つ余分な語句が含まれています。

1. ここはデートにはぴったりな場所です。
   (is ／ the ／ for ／ this ／ perfect place ／ are) a date.
2. どうしてコンサートに遅刻したのですか？
   (why ／ were ／ did ／ for ／ late ／ you) the concert?
3. ジョンとボブがこのプロジェクトの担当です。
   John and Bob (are ／ in charge ／ project ／ this ／ is ／ of).
4. あなたの町にサッカー場はありますか？
   (a soccer stadium ／ are ／ your ／ there ／ in ／ is) town?

Let's Read! 読解力を高めよう！

次のパッセージを読んで 1 ～ 3 の質問に答えましょう。 1-03

Cover or Original?

The song *You're Beautiful* was written by the British singer-songwriter James Blunt. It was covered by a lot of artists, and Maria Lawson is one of them. To cover means to perform a song originally recorded by another artist. Lawson covered the song on a British music program. Her performance on the program attracted much attention and helped her become a successful artist.

Sometimes a cover song can become more popular than the original. But, in the case of *You're Beautiful*, the original was more successful. It topped the charts in more than 10 countries and became a worldwide hit.

1. In popular music, a cover is a new performance by someone _____ the original artist of a song.
   (A) other than
   (B) together with
   (C) helped by

〈James Blunt〉

2. Lawson sang *You're Beautiful* on a British music program and her performance _____.
   (A) turned out to be a total failure
   (B) received only minor attention
   (C) caught the eye of many people

〈Maria Lawson〉

3. Which sentence is true about the song *You're Beautiful?*
   (A) James Blunt wrote the song for Maria Lawson.
   (B) The song became a number one hit in over 10 countries.
   (C) Lawson's cover of the song became a worldwide hit.

 NOTES

originally：もともと（は）　in the case of：〜について言えば

Part I (Photographs)

 1-04

(A)～(C) の英文を聞いて写真の描写として最も適切なものを選びましょう。

1.

(A)　(B)　(C)

2.

(A)　(B)　(C)

Part II (Question-Response)

 1-05

最初に聞こえてくる英文に対する応答として最も適切なものを (A)～(C) の中から選びましょう。

3. (A)　　(B)　　(C)
4. (A)　　(B)　　(C)

Part III (Short Conversations)

 1-06

会話を聞き、下の英文が会話の内容と合っていれば T (True)、間違っていれば F (False) を○で囲みましょう。

5. The woman and Maria Lawson are from the same city.　　　　　　T　　F
6. Maria Lawson released the song *You're Beautiful* as a single.　　　T　　F

Let's Review! しっかり復習しよう！

Quick Response Training

 1-07

1. 日本語の文と同じ意味を表すようにカッコ内に適切な単語を入れて英文を完成させましょう。
2. 日本語の文を見てすぐさま対応する英文が言えるように繰り返し練習しましょう。英文の箇所を隠して練習すると効果的です。
3. 1〜10 までの日本語の文を何秒で英文にして言えるかペアで競い合ってみましょう。

Your Time :（　　）seconds

1. 私の専攻は法律です。	1. My major (　　　) law.
2. 私の兄はギターが上手です。	2. My brother (　　　) a good guitarist.
3. 私は料理が得意ではありません。	3. I'm (　　　) a good cook.
4. ダンスは得意ですか？	4. (　　　) you a good dancer?
5. どうしてそんなに怒っているのですか？	5. Why (　　　) you so angry?
6. 休暇はいかがでしたか？	6. How (　　　) your vacation?
7. 今日は何曜日ですか？	7. What day (　　　) it?
8. 今日は何日ですか？	8. (　　　) is the date today?
9. 私の家は 4 人家族です。	9. There (　　　) four members in my family.
10. この近くにコンビニはありますか？	10. (　　　) there a convenience store around here?

Linguaporta Training

授業の復習として、リンガポルタの問題を解いておきましょう。
次回授業の始めに復習テストがあります。

Unit 2

I Want It That Way

文法：一般動詞（現在形）

　男性ポップ・ボーカル・グループ、バックストリート・ボーイズ (Backstreet Boys) の代表曲です。歌詞の中では、タイトルの "I want it that way" を男女がそれぞれ別の意味で使っています。シンプルな言葉の中に込められた 2 つのメッセージを聞き取りましょう。

Warm-up　授業前に確認しておこう！

Vocabulary Preview

1~10 の語句の意味として適切なものを a~j の中から選びましょう。いずれも曲の中で使われるものです。

CD 1-08

1. desire	_____	a.	崩壊する、ダメになる
2. nothing but	_____	b.	信じる
3. believe	_____	c.	心痛、苦悩
4. heartache	_____	d.	距離
5. mistake	_____	e.	（〜に）達する、届く
6. late	_____	f.	〜に過ぎない
7. distance	_____	g.	離れて、離ればなれで
8. apart	_____	h.	過ち
9. fall apart	_____	i.	遅い
10. reach	_____	j.	願望、欲望

ビートに乗って 1~10 の語句を発音してみましょう。

Grammar Point：一般動詞（現在形）

I <u>like</u> the Backstreet Boys. Their music always <u>makes</u> me happy.

　　（私はバックストリート・ボーイズが好きです。彼らの音楽はいつも私を幸せにしてくれます）

　be 動詞以外の動詞を<u>一般動詞</u>と呼びますが、主語が 3 人称・単数・現在の場合には動詞の語尾に s や es がつきますので注意が必要です。下の表の空欄に適切な動詞の形を書き入れて確認しましょう。

a, i, u, e, o のことを母音字、それ以外を子音字と言います。

1. 多くの動詞		語尾に s をつける	like → likes	eat → eats
2. -s, -sh, -ch, -x,〈子音字 +o〉で終わる動詞		語尾に es をつける	wash → washes go → goes	catch → do →
3. -y で終わる動詞	母音字 +y の場合	語尾に s をつける	play → plays	buy →
	子音字 +y の場合	y を i に変えて es をつける	study → studies	fly →
4. 例外的な動詞		不規則な変化をする	have → has	

　一般動詞の文を否定文にするときは、動詞のすぐ前に don't（= do not）をつけます。また疑問文にするには文の始めに do を持ってきます。主語が 3 人称・単数・現在の場合は doesn't や does を使い、動詞は s や es を外してもとの形（＝原形）に戻します。never（決して～しない）を使って否定を表すこともできますが、この場合、動詞は原形には戻しません。下の例文の日本語訳を完成させながら確認しましょう。

動詞は原形に戻します。

I like horror movies. What kind of movies **do** you like?
(　　　　　　　　　　　　　　　　　　　　　　　　　　　　)

My girlfriend **doesn't** like karaoke. She never sings.
(　　　　　　　　　　　　　　　　　　　　　　　　　　　　)

　また、現在の状態や一般的な事実を表すには現在形を用いますが、その主な用法は下の表のようになります。

「今～している」のように、現在の動作を表す
場合は現在進行形（Unit 4）を用います。

現在形の主な使い方		
	1. I belong to the dance club.	≪現在の状態≫
	2. My mother doesn't drink coffee.	≪習慣的な動作≫
	3. Here comes the bus!	≪眼前の動作≫
	4. The sun rises in the east and sets in the west.	≪一般的な事実・真理≫

Let's Listen!　曲のメッセージを聞き取ろう！

　曲を聴き、質問に対する答えとして最も適切なものを（A)～(C）の中から 1 つ選びましょう。

Question：What is the message of this song?

　(A) I'm sorry that I left you. I want to start over with you again.

　(B) We were in love before, but we should end this relationship.

　(C) You want to break up with me, but I don't want you to. I still love you.

Let's Listen Again!
歌詞を細部まで聞き取ろう！

　曲をもう 1 度聴き、1〜15 の問題のうち、選択肢があるものはその中から適切なものを選び、空欄になっているものはヒントを参考にして当てはまる語句を書き入れましょう。

1　You are my ₁. f ☐☐☐	君は僕の最愛の人
The one ₂. ☐☐☐☐☐☐	望みは君だけ
Believe when I say	僕の言葉を信じてほしい
I want it that way	僕が「そうしたい」っていう時には
5　But we are ₃. two words / two worlds / towards apart	けど、2 人は離れ離れ
Can't ₄. r ☐☐☐☐ to your ₅. h ☐☐☐☐	君の（　　　　）にとても近づけないよ
when you say that I want it that way	「そうしたい」という君の言葉を聞くと
Tell me ₆. ☐☐☐	（　　　　　　　）
Ain't nothing ₇. ☐☐☐ a heartache	そんなのちっぽけな胸の痛みだなんて
= isn't	
10　Tell me ₆. ☐☐☐	（　　　　　　　）
Ain't nothing ₇. ☐☐☐ ₈. a mistake / mistakes / mistaking	そんなのちょっとした過ちだなんて
Tell me ₆. ☐☐☐	（　　　　　　　）
I never wanna ₉. h ☐☐☐ you say	聞きたくないよ
= want to	
"I want it that way"	「そうしたい」という君の言葉は
15　₁₀. And I'm / Am I / End I your ₁. f ☐☐☐ ？	僕は君の最愛の人かい？
Your one ₂. ☐☐☐☐☐☐ ？	君の唯一の望みなのかい？
Yes, I know it's too ₁₁. l ☐☐☐	もう（　　　　　　　）のはわかっている
But I want it that way	けど、やっぱり僕はそうしたいんだ
Tell me ₆. ☐☐☐	（　　　　　　　）
20　Ain't nothing ₇. ☐☐☐ a heartache	そんなのちっぽけな胸の痛みだなんて
Tell me ₆. ☐☐☐	（　　　　　　　）
Ain't nothing ₇. ☐☐☐ ₈. a mistake / mistakes / mistaking	そんなのちょっとした過ちだなんて
Tell me ₆. ☐☐☐	（　　　　　　　）
I never wanna ₉. h ☐☐☐ you say	聞きたくないよ
25　"I want it that way"	「そうしたい」という君の言葉は

Now I can see that 12. (we fall / we fell / we've fallen)　今や2人の心はバラバラ　もう以前のような関
apart from the way that it used to be, yeah　係でないことはわかっているけど
No 13. m □□□□□ the distance,　どんなに離れていても
I want you to know that　君には知っていてほしい
30　deep 14. (done / doubt / down) inside of me　僕の胸の奥底では
You are my 1. f □□□　君は最愛の人
The one 2. □□□□□□　唯一の望み
You are, you are, you are, you are ...　君は僕の・・・
Don't wanna hear you say ...　聞きたくないよ

35　Ain't nothing 7. □□□ a heartache　そんなのちっぽけな胸の痛みだなんて
Ain't nothing 7. □□□ 8. (a mistake / mistakes / mistaking)　そんなのちょっとした過ちだなんて
I never wanna 9. h □□□ you say　聞きたくないよ
"I want it that way"　「そうしたいの」という君の言葉は

Tell me 6. □□□　（　　　　　　　　）
40　Ain't nothing 7. □□□ a heartache　そんなのちっぽけな胸の痛みだなんて
Tell me 6. □□□　（　　　　　　　　）
Ain't nothing 7. □□□ 8. (a mistake / mistakes / mistaking)　そんなのちょっとした過ちだなんて
Tell me 6. □□□　（　　　　　　　　）
I never wanna 9. h □□□ you say　聞きたくないよ
45　"I want it that way"　「そうしたい」という君の言葉は
Tell me 6. □□□　（　　　　　　　　）
Ain't nothing 7. □□□ a heartache　そんなのちっぽけな胸の痛みだなんて
Tell me 6. □□□　（　　　　　　　　）
Ain't nothing 7. □□□ 8. (a mistake / mistakes / mistaking)　そんなのちょっとした過ちだなんて
50　Tell me 6. □□□　（　　　　　　　　）
I never wanna 9. h □□□ you say　聞きたくないよ
"I want it that way"　「そうしたい」という君の言葉は
15. (But / 'Cause / And) I want it that way　だって、僕はやっぱりそうしたいから

Listening Tip

　歌や実際の会話では、want to（〜したい）という表現は、[wánt tú:]「ウォント・トゥ」ではなく、[wánə/wɔ́nə]「ワナ、ウォナ」と1語のように聞こえることがよくあります。また、歌詞でも実際の発音通りにwannaと1語で綴られることが多くあります。なお、wannaは略式の表記方法ですから、英文を書く際にはwant toと書くようにしましょう。

Grammar 文法に強くなろう！

A 例にならい、枠の中から適切な単語を選び、必要な場合は適切な形にして次の1〜4の文を完成させましょう。

例： Kevin (speaks) a little French.

begin
speak ✓
work
fly
eat

1. My sister is a nurse. She (　　　　) at a nearby hospital.
2. The school year (　　　　) in April in Japan.
3. Time (　　　　) when you're busy.
4. Nick never (　　　　) breakfast. He says he's not hungry in the morning.

B 例にならい、カッコ内の動詞を肯定もしくは否定のいずれか適切な形に変えて文を完成させましょう。

例： "Where's Donna?" "Sorry. I _don't know_ . (know)

1. That's not true! I _____ it. (believe)
2. "Does your father teach English?" "No, he _____ math." (teach)
3. Richard is very quiet. He _____ very much. (talk)
4. I'm busy with my part-time job. I _____ time to study. (have)

C 日本語の意味に合うようにカッコ内の語句を並べ替え、英文を完成させましょう。ただし、文の始めにくる単語も小文字にしてあり、1つ余分な語句が含まれています。

1. 今日は何か予定がありますか？

(have / do / plans / are / any / you) for today?

2. 父は私に何もしてくれません。

(do / father / anything / my / doesn't / isn't) for me.

3. 誰でも時には良くない日があります。

(now / bad day / have / everyone / has / a) and then.

4. 母は夜にコーヒーは絶対飲みません。

(mother / coffee / drinks / never / drink / my) at night.

Let's Read! 読解力を高めよう！

次のパッセージを読んで１～３の質問に答えましょう。 1-09

Same Lines, Different Meanings

Sometimes two people use the same words to mean completely different things. The song *I Want It That Way* is a good example. In the song, the man and his girlfriend both say to each other "I want it that way." They're talking about how they want their relationship to be. They use the same words to mean opposite things. His "that way" <u>refers</u> to the two of them being together again, while her "that way" seems to mean that they should break up.

How could this be? The answer is quite simple. The word "that" can have different meanings for different people.

1. In the song *I Want It That Way*, the man and his girlfriend use the same words
   _____.

   (A) to say that they should break up

   (B) to mean quite different things

   (C) to say that they should stay together

2. The underlined phrase "refers to" means "_____."

   (A) is about

   (B) proves

   (C) is the opposite of

3. The song *I Want It That Way* is a good example to show that _____.

   (A) we should stop using the word "that" from now on

   (B) men and women are quite different from each other

   (C) the same word can have different meanings
       for different people

NOTES

completely：完全に　opposite：正反対の

Part Ⅰ (Photographs)

 1-10

(A)～(C) の英文を聞き、写真の描写として最も適切なものを選びましょう。

1.

(A)　(B)　(C)

2.

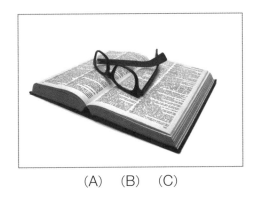

(A)　(B)　(C)

Part Ⅱ (Question-Response)

 1-11

最初に聞こえてくる英文に対する応答として最も適切なものを (A)～(C) の中から選びましょう。

3. (A)　　(B)　　(C)

4. (A)　　(B)　　(C)

Part Ⅲ (Short Conversations)

1-12

会話を聞き、下の英文が会話の内容と合っていれば T (True)、間違っていれば F (False) を〇で囲みましょう。

5. The group became popular in Europe first, then in the U.S.　　T　　F

6. The group was named after the name of a market.　　T　　F

Let's Review! しっかり復習しよう！

Quick Response Training

 1-13

1. 日本語の文と同じ意味を表すようにカッコ内に適切な単語を入れて英文を完成させましょう。
2. 日本語の文を見てすぐさま対応する英文が言えるように繰り返し練習しましょう。英文の箇所を隠して練習すると効果的です。
3. 1〜10 までの日本語の文を何秒で英文にして言えるかペアで競い合ってみましょう。

Your Time : ◯ seconds

1. 私は大学の近くで 1 人暮らしをしています。	1. I (　　　) alone near the college.
2. ご両親はどこに住んでおられますか？	2. Where (　　　) your parents live?
3. ホラー映画は好きではありません。	3. I (　　　) like horror movies.
4. お仕事は何をされていますか？	4. What (　　　) you do?
5. 父はバスで通勤しています。	5. My father (　　　) to work by bus.
6. 母は肉を食べません。	6. My mother (　　　) eat meat.
7. 弟は決して魚を食べません。	7. My brother (　　　) eats fish.
8. この単語はどういう意味ですか？	8. What (　　　) this word mean?
9. 普段朝食は何を食べますか？	9. (　　　) do you usually have for breakfast?
10. 私たちはあまりテレビを見ません。	10. We (　　　) watch television very often.

Linguaporta Training

授業の復習として、リンガポルタの問題を解いておきましょう。
次回授業の始めに復習テストがあります。

Unit 3

The First Time

文法：一般動詞（過去形）

　アメリカの３人組 R&B グループ、サーフェス（Surface）が大ヒットさせたバラードです。歌詞の中では "The first time" というフレーズを印象的に使いながら初めての経験について振り返っていますので、どんな経験のことなのかしっかり聞き取りましょう。

Warm-up　授業前に確認しておこう！

Vocabulary Preview

1〜10 の語句の意味として適切なものを a 〜 j の中から選びましょう。いずれも曲の中で使われるものです。　　　　　　　　　　　　　　　　　　🎵 1-14

1. look（n.）	＿＿＿	a. 思い出
2. until	＿＿＿	b. 〜を忘れる
3. look into	＿＿＿	c. 〜だけれど
4. regret	＿＿＿	d. （時が）経つ、過ぎ去る
5. forget	＿＿＿	e. 恋に落ちる
6. fall in love	＿＿＿	f. 〜をのぞき込む
7. memory	＿＿＿	g. 涙
8. although	＿＿＿	h. 〜まで
9. pass	＿＿＿	i. 顔つき、様子
10. tear	＿＿＿	j. 後悔

NOTE
n.: = noun（名詞）

ビートに乗って 1〜10 の語句を発音してみましょう。

Grammar Point：一般動詞（過去形）

Michael <u>joined</u> our band as a new guitarist last month.
　　　　（先月、マイケルが新しいギタリストとして私たちのバンドに加わりました）
He <u>made</u> our band's website, too.　　　（彼はバンドのウェブサイトも作ってくれました）

　一般動詞の文を<u>過去形</u>にする場合には動詞の最後に ed をつけます。ただし、不規則に変化するものも多いので注意が必要です。巻末資料を参考にしながら下の表の空欄に適切な動詞の過去形を書き入れ確認しましょう。

1. ほとんどの動詞		語尾に ed をつける	help → helped	listen → *listened*
2. -e で終わる動詞		語尾に d をつける	use → used	like →
3. -y で終わる動詞	母音字 +y の場合	語尾に ed をつける	enjoy → enjoyed	play →
	子音字 +y の場合	y を i に変えて ed をつける	study → studied	carry →
4. 母音字１つ+子音字１つで終わる動詞		語尾の子音を重ねて ed をつける	plan → planned	stop →
5. 例外的な動詞		不規則な変化をする	leave → left	fall →
			give → gave	write →

22

一般動詞を使った過去形の文を否定文にするときは、動詞のすぐ前に didn't（= did not）をつけます。また疑問文にするには文の始めに did を持ってきます。いずれの場合も動詞は原形に戻します。下の例文の日本語訳を完成させながら確認しましょう。

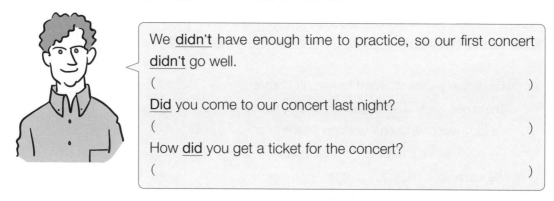

We **didn't** have enough time to practice, so our first concert **didn't** go well.

(　　　　　　　　　　　　　　　　　　　　　　　　　　　　　　　　)

Did you come to our concert last night?

(　　　　　　　　　　　　　　　　　　　　　　　　　　　　　　　　)

How **did** you get a ticket for the concert?

(　　　　　　　　　　　　　　　　　　　　　　　　　　　　　　　　)

また、"What happened?"（何が起こったの？）などのように、疑問詞が主語となる場合は did を使わずに疑問文を作りますので、疑問詞が目的語となる場合とは区別する必要があります。下の例文の日本語訳を完成させながら確認しましょう。

"Who **played** the drums?" "Bill did, and I played the guitar."

(　　　　　　　　　　　　　　　　　　　　　　　　　　　)

"Who **did** you invite to the party?" "I invited Kate and her friends."

(　　　　　　　　　　　　　　　　　　　　　　　　　　　)

Let's Listen! 曲のメッセージを聞き取ろう！

曲を聴き、質問に対する答えとして最も適切なものを（A）〜（C）の中から１つ選びましょう。

Question：What is the message of this song?

(A) We were happy before, but not anymore. I want your love back.

(B) My love for you doesn't change over time. I'll always love you.

(C) I don't remember when we met for the first time. Do you?

THE FIRST TIME
Words & Music by BERNARD LEON JACKSON JR. and BRIAN ALAN SIMPSON
© by COLGEMS EMI MUSIC INC
Permission granted by Sony Music Publishing (Japan) Inc.
Authorized for sale in Japan only.
© Bike Music & Colgems EMI Music Inc.
The rights for Japan licensed to Sony Music Publishing (Japan) Inc.

Let's Listen Again!
歌詞を細部まで聞き取ろう！

曲をもう1度聴き、1〜15の問題のうち、選択肢があるものはその中から適切なものを選び、空欄になっているものはヒントを参考にして当てはまる語句を書き入れましょう。

1　You know I　1. want / want to / won't　forget	忘れ（　　　　　　　　）
The times we shared together holding hands	一緒に手をつないで
and　2. walk / walked / walking　in the　3. p ☐☐☐	（　　　　　）を散歩して過ごした時間を
Sometimes we'll have to do it all again	時々また同じようにしてみないといけないね
5　We were so　4. h ☐☐☐☐　then	あの頃はとても（　　　　　　　）
5. I have / I had / I am　no regrets	何の（　　　　　　　）もないよ
Can't you tell from the　6. l ☐☐☐　on my face	僕の顔を見ればわかるだろう
7. then / that / them　I love you more today	今日の方がもっと君を愛しているって
The first time I looked into your eyes	初めて君の瞳を見つめた時
10　I　8. cry / cried / crying	（　　　　　　　　）
Do you remember	覚えているかい？
the first time we　9. f ☐☐☐　in love	初めて（　　　　　　　　　）時のことを
You looked into my eyes	君は僕の瞳を見つめて
Wiped the　10. t ☐☐☐☐　away	（　　　　　　）をふき取ってくれた
〜をぬぐう	
15　the first time when we　9. f ☐☐☐　in love	初めて（　　　　　　　　　）時
Although some time　11. pass / passed / has passed ,	あれから少し時が（　　　　　　　　）
I still remember just like it was yesterday	まるで昨日のように覚えているよ
But time is movin'　12. f ☐☐☐	時の流れは（　　　　　　　　）けれど
= moving	
The love I have for you	君への愛は
20　time won't ever change	時が経っても変わることはないさ
I'll always feel the　13. s ☐☐☐	僕の気持ちはいつも（　　　　　）
Now until the end	今も最後まで
Memories we　14. s ☐☐☐☐　will live forever	2人の思い出は（　　　　　　　　）
15. ☐☐☐☐　inside my heart I know I'll never forget	心の奥底では決して忘れることはない

25

The first time I looked into your eyes
I 8. cry / cried / crying
Do you remember
the first time we 9. f☐☐☐ in love
You looked into my eyes

30 Wiped the 10. t☐☐☐☐ away
the first time when we 9. f☐☐☐ in love

The first time I looked into your eyes
I 8. cry / cried / crying
Do you remember

35 the first time we 9. f☐☐☐ in love
You looked into my eyes
Wiped the 10. t☐☐☐☐ away
the first time when we 9. f☐☐☐ in love
Oh, when we 9. f☐☐☐ in love

初めて君の瞳を見つめた時
(　　　　　　　　　)
覚えているかい？
初めて（　　　　　　　）時のことを
君は僕の瞳を見つめて
(　　　　)をふき取ってくれた
初めて（　　　　　　）時

初めて君の瞳を見つめた時
(　　　　　　　　　)
覚えているかい？
初めて（　　　　　　　）時のことを
君は僕の瞳を見つめて
(　　　　)をふき取ってくれた
初めて（　　　　　　）時
初めて（　　　　　　）時

Listening Tip

will not の短縮形 won't [wóunt]「ウォゥント」は、want [wánt/wɔ́nt]「ワント／ウォント」と発音が似ていますから、文法の知識などを生かして聞き分けましょう。

単語	直後に続く語の特徴	例文
won't	一般に直後には動詞が続く。	I **won't** buy it.
want	一般に直後に動詞が続くことはなく to 不定詞になる。	I **want** to buy it.

また、そもそもなぜ will not の短縮形が willn't ではなく won't となるのか疑問に思う人がいるかもしれません。Let's Read！(p.27) でその理由を取り上げていますので、英文を読んでみましょう。

Grammar 文法に強くなろう！

A 例にならい、枠の中から適切な単語を選び、必要な場合は適切な形にして次の 1〜4 の文を完成させましょう。

例：We (*had*) a good time at the party last night.

```
go
lose
walk
play
have ✓
```

1. Jim usually (   ) to school, but today he took a bus.

2. David (   ) his keys a few days ago.

3. The earth (   ) around the sun.

4. I was in a band in high school and (   ) the electric guitar.

B 例にならい、カッコ内の動詞を肯定・否定・疑問のいずれか適切な形に変えて文を完成させましょう。

例：We went to the concert, but we *didn't enjoy* it. (enjoy)

1. Although Jack had a lot of money, he _____ any friends. (have)

2. I called Beth many times, but she _____. (answer)

3. "Did you take a taxi to the airport?" "No, my brother _____ me a ride." (give)

4. "Who _____ you that?" "Mike did." (tell)

C 日本語の意味に合うようにカッコ内の語句を並び替え、英文を完成させましょう。ただし、文の始めにくる単語も小文字にしてあり、1 つ余分な語句が含まれています。

1. 先週は忙しかったですか？

(did / were / week / last / busy / you) ?

2. パリに滞在したのですか？

(Paris / stay / did / were / in / you) ?

3. 私たちは数年前にそこへ行きました。

We (a few / ago / before / went / years / there).

4. 昨夜は一睡もできませんでした。

(didn't / don't / sleep / any / get / I) last night.

 **Let's Read!** 読解力を高めよう！

次のパッセージを読んで 1 ～ 3 の質問に答えましょう。 1-15

Why Does "Will Not" Become "Won't"?

The song *The First Time* begins with the line "You know I *won't* forget." As you know, "won't" is a short form of "will not." However, you may wonder why "will not" becomes "won't" instead of "willn't."

The answer is not so simple. "Won't" does not originate from "will not." In fact, it comes from "woll not." What is "woll"? It is a much older form of the word "will." Depending on their region, some people used "will/will not" and some others used "woll/woll not." "Woll not" became the shorter "won't." People kept using "won't" and dropped "woll/woll not."

1. Why "will not" becomes "won't" instead of "willn't" is _____ to answer.

　(A) difficult

　(B) impossible

　(C) very easy

2. The underlined phrase "their region" means "_____."

　(A) what they do for a living

　(B) where they live

　(C) when they were born

3. Which sentence is true about "woll/woll not"?

　(A) "Woll" is a new form of the word "will."

　(B) People continued to use "woll/woll not."

　(C) "Woll not" was shortened to "won't."

NOTES

line：（歌詩の）1 行　instead of：～の代わりに　depending on：～によって
keep -ing：～し続ける

27

Challenge Yourself!  リスニング力を試そう！

Part I (Photographs) 1-16

（A）〜（C）の英文を聞き、写真の描写として最も適切なものを選びましょう。

1.

(A)　(B)　(C)

2.

(A)　(B)　(C)

Part II (Question-Response) 1-17

最初に聞こえてくる英文に対する応答として最も適切なものを（A）〜（C）の中から選びましょう。

3. (A)　(B)　(C)
4. (A)　(B)　(C)

Part III (Short Conversations) 1-18

　会話を聞き、下の英文が会話の内容と合っていればT（True）、間違っていればF（False）を○で囲みましょう。

5. The song became number one on the U.S. chart in 1990.　　　T　　F
6. One member of the group wrote the song by himself.　　　T　　F

Let's Review! しっかり復習しよう！

Quick Response Training

 1-19

1. 日本語の文と同じ意味を表すようにカッコ内に適切な単語を入れて英文を完成させましょう。
2. 日本語の文を見てすぐさま対応する英文が言えるように繰り返し練習しましょう。英文の箇所を隠して練習すると効果的です。
3. 1〜10までの日本語の文を何秒で英文にして言えるかペアで競い合ってみましょう。

Your Time：（　　　）seconds

1. 私は今朝 5 時に起きました。	1. I (　　　) up at five this morning.
2. 子どもの頃は歌手になりたかったです。	2. When I was a child, I (　　　) to be a singer.
3. 昨日は一日中雨でした。	3. It (　　　) all day yesterday.
4. 宿題はしましたか？	4. (　　　) you do your homework?
5. いいえ、時間がありませんでした。	5. No, I (　　　) have time.
6. 週末は何をしましたか？	6. (　　　) did you do last weekend?
7. 姉と映画に行きました。	7. I (　　　) to the movies with my sister.
8. その映画はどうでしたか？	8. (　　　) did you like the movie?
9. あまり面白くなかったです（私たちはそれをあまり楽しみませんでした）。	9. We (　　　) enjoy it very much.
10. どれくらいの頻度で映画を見に行きますか？	10. How (　　　) do you go to the movies?

Linguaporta Training

授業の復習として、リンガポルタの問題を解いておきましょう。
次回授業の始めに復習テストがあります。

Unit 4

Complicated [The Matrix Mix]

文法：進行形

　カナダ出身のシンガーソングライター、アヴリル・ラヴィーン（Avril Lavigne）が 17 歳で全世界に旋風を巻き起こしたデビュー曲です。歌詞の中でタイトルの Complicated という表現を使って、彼女が恋人に伝えようとしているメッセージを聞き取りましょう。

Warm-up　授業前に確認しておこう！

Vocabulary Preview

1〜10 の語句の意味として適切なものを a 〜 j の中から選びましょう。いずれも曲の中で使われるものです。

🎵 CD 1-20

1. complicated	_____	a. 約束する
2. yell	_____	b. 振る舞う、行動する
3. else	_____	c. 衣服
4. promise	_____	d. 誠実さ
5. clothes	_____	e. 大声を上げる、怒鳴る
6. fool	_____	f. 〜の振りをする
7. frustrated	_____	g. 複雑な
8. act	_____	h. イライラした
9. fake	_____	i. そのほかの
10. honesty	_____	j. 〜をだます／愚か者

ビートに乗って 1〜10 の語句を発音してみましょう。

Grammar Point：進行形

I <u>play</u> the guitar in a band.　　　　　（私はバンドでギターを弾いています）〔現在形〕

I'<u>m practicing</u> the guitar right now.　　　　（私は今ギターの練習中です）〔現在進行形〕

I <u>was practicing</u> the guitar at that time.　（私はその時ギターの練習中でした）〔過去進行形〕

　一般に**現在形**は日常的な内容を指すのに対し、今している最中の動作を表す場合には**現在進行形**を用い、《 be 動詞＋現在分詞》の形で表します。下の表の空欄に適切な動詞の形を書き入れて現在分詞の作り方を確認しましょう。

1. ほとんどの動詞	語尾に ing をつける	play → playing	eat → *eating*
2. 子音 + e で終わる動詞	語尾の e を取って ing をつける	take → taking	give →
3. -ie [ai] で終わる動詞	語尾の ie を y に変えて ing をつける	die → dying	lie →
4. 1 母音字＋1 子音字で終わる動詞	語尾の子音字を重ねて ing をつける	begin → beginning	stop →

　現在進行形は、「～している」のように今実際にしていることだけではなく、**すでに決まっている予定**を表すこともあります。また、過去形の be 動詞を使って**過去進行形**にすると「～していた」という意味を表します。下の例文の日本語訳を完成させながら使い方を確認しましょう。

My parents **are coming** from Chicago to see my apartment next month.

(　　　　　　　　　　　　　　　　　　　　　　　　　　)

否定文にするときは、be 動詞のすぐ後に not をつけます。

I'm **not feeling** very well. I'm **going** to bed.

(　　　　　　　　　　　　　　　　　　　　　　　　　　)

I called you many times. What **were** you doing at 10 last night?

(　　　　　　　　　　　　　　　　　　　　　　　　　　)

疑問文にするには be 動詞を主語の前に持ってきます。

　進行形は「～している」のように動作を表すものですから、like（気に入っている）などのように状態を表す動詞は通常進行形にはなりません。ただし、状態を表す動詞でも、次のような場合は進行形にすることができます。

動作動詞の意味で使われる時	1. We're **having** lunch right now.　*have は「食べる」という意味 2. I'm **seeing** someone.　*see は「つき合う」という意味
状態が一時的であることを強調する時	3. My father has a home in Tokyo, but he's **living** in Fukuoka now. *live は進行形にすると「ずっとそこに住むわけではなく、一時的に住んでいる」という意味

Let's Listen! 曲のメッセージを聞き取ろう！

　曲を聴き、質問に対する答えとして最も適切なものを（A）～（C）の中から１つ選びましょう。

Question : What is the message of this song?

(A) I love you just the way you are. Don't try to be someone else.

(B) Our relationship is so complicated now that we should break up.

(C) I love you more than anyone else. Let's get married soon.

Let's Listen Again!
歌詞を細部まで聞き取ろう！

　曲をもう 1 度聴き、1〜15 の問題のうち、選択肢があるものはその中から適切なものを選び、空
欄になっているものはヒントを参考にして当てはまる語句を書き入れましょう。

1	Uh huh, life's like this	人生ってこんなもの
	Uh huh, uh huh, that's the way it is	それが現実
	'Cause life's like this	だって、人生ってこんなもの
	Uh huh, uh huh, that's the way it is	それが現実
5	Chill out, what you yelling for?	落ち着いて、何で怒鳴り散らしているの？
	落ち着く　 = what are you(会話では be 動詞が抜け落ちてしまうことがある)	
	Lay back, it's all been done 1. b ☐☐☐☐☐	楽にして、全部（　　　　　）あったでしょ
	リラックスする	
	And if you could only 2. letting / let it / let me be	自然にしてさえいれば
	you will see	わかるはず
10	I like you the way you are	私が好きなのは　ありのままのあなた
	when 3. we drive / we're driving / were driving in	あなたの車で（　　　　　　　）
	your car and you're talking to me one on one	私に話しかけてくる時のあなた
	1 対 1 で	
	4. But you've / And you've / You've become	（　　　　）あなたは
	somebody else 'round everyone else	周りに人がいると別人みたい
	= around	
	You're watching your back	周りを気にしてばかり
	警戒する	
15	like you can't 5. r ☐☐☐☐	（　　　　　　　）みたいに
	You're trying to be 6. c ☐☐☐	自分では（　　　　　）つもりでも
	You look like a 7. f ☐☐☐ to me	私には（　　　　）みたいに見える
	Tell me	教えて
	*Why do you have to go	* どうして自分から
20	and make things so complicated?	物事をそんなに難しくしてしまうの？
	I see the way you're acting like you're somebody else,	あなたが他の誰かのように振る舞おうとしてい
	gets me 8. frustrate / frustrating / frustrated	る姿を見ると、私は（　　　　　）
	And life's like this	人生ってこんなもの
	You, you fall and you crawl and you break	人は転んで、這い回って、傷つき
25	and you take 9. what to / what you / what your get	それで得られたものを手にして
	and you turn it into 10. h ☐☐☐☐☐☐	飾らなくなっていくの
	turn A into B で「A を B に変える」	
	You promised me	約束したでしょ
	I'm never gonna 11. finding / find to / find you fake it	もうごまかさないって
	= going to	
	No, no, no	絶対って
30	You come over unannounced,	突然やって来るのね
	やってくる　　　　連絡なしに	

32

12. dress up / dressed up / dress out like you're
something else
Where you are ain't where it's at
素敵な、格好良い

You see, you're making me 13. I □□□□ out
35 when you strike your pose
ポーズを取る

14. Take off / Take on / Taking off all your preppy
clothes
お坊ちゃま風の

You know, you're not 15. fooling everyone / fooling
anyone / fully anyone
40 when you've become
somebody else 'round everyone else
You're watching your back
like you can't 5. r □□□□
You're trying to be 6. c □□□
45 You look like a 7. f □□□ to me
Tell me

*Repeat

No, no, no (No)
No, no, no (No)
50 No, no, no (No) (No)

Chill out, what you yelling for?
Lay back, it's all been done 1. b □□□□□□
And if you could only 2. letting / let it / let me be
you will see

55 Somebody else 'round everyone else
You're watching your back
like you can't 5. r □□□□
You're trying to be 6. c □□□
You look like a 7. f □□□ to me
60 Tell me

*Repeat twice

違う人みたいに（　　　　　　　）

今のあなたは全然格好良くないわ

（　　　　　　　）しまう
あなたがポーズを決めると

プレッピーな服は全部（　　　　　　　）

誰も騙されはしないのよ

周りに人がいる時あなたが別人になったって

周りを気にしてばかり
（　　　　　　　）みたいに
自分では（　　　　　　　）つもりでも
私には（　　　　）みたいに見える
教えて

* 繰り返し

絶対って
絶対って
絶対って

落ち着いて、何で怒鳴り散らしているの？
楽にして、全部（　　　　）あったでしょ
自然にしてさえいれば
わかるはず

周りに人がいると別人みたい
周りを気にしてばかり
（　　　　　　　）みたいに
自分では（　　　　　　　）つもりでも
私には（　　　）みたいに見える
教えて

* 繰り返し（2 回）

Listening Tip

　歌や実際の会話では、be going to（〜する予定だ）における going to の部分は、[góuɪŋ túː]「ゴーイング・トゥ」ではなく、[gənə/gɔ́nə]「ガナ、ゴナ」と 1 語のように聞こえることがよくあります。また、歌詞でも実際の発音通りに gonna と 1 語で綴られることが多くあります。なお、gonna は略式の表記方法ですから、英文を書く際には going to と書くようにしましょう。

Grammar 文法に強くなろう！

A 例にならい、枠の中から適切な単語を選び、必要な場合は適切な形にして次の 1 ～ 4 の文を完成させましょう。

例： Don't make so much noise. We (*are studying*) now.

study ✓
laugh
get
do
snow

1. I have to go now. It (　　　　) late.

2. It (　　　　) heavily when we went out.

3. What's so funny? Why are you (　　　　) ?

4. "What does your mother (　　　　) ?" "She's a nurse."

B 例にならい、イラストの状況に関する質問に答えましょう。

例： Is she teaching English?

　　　 No, she isn't.

I'm an English teacher.

1. Does she teach English?

　　　_____

2. What is she doing?

　　　_____

3. What does she do?

　　　_____

C 日本語の意味に合うようにカッコ内の語句を並び替え、英文を完成させましょう。ただし、文の始めにくる単語も小文字にしてあり、<u>1 つ余分な語句が含まれています</u>。

1. 今夜のお祭りに誰かと一緒に行くのですか？

(going / with / do / you / anyone / are) to the festival tonight?

2. 私はアメリカで経済学を学ぶことにしています。

(planning / plan / I'm / economics / study / to) in the U.S.

3. 彼らはダンス部に所属しています。

(the / to / they / belong / are belonging / dance club).

4. 新入生の歓迎会の準備をしているのですか？

(preparing / the party / are / do / for / you) for new students?

Let's Read! 読解力を高めよう！

次のパッセージを読んで 1～3 の質問に答えましょう。　　　　🎧 1-21

Language in Canada

Avril Lavigne is a very successful Canadian singer-songwriter. Let's look at the languages spoken in her country: Canada. Canada is a bilingual country and has two official languages: English and French. However, this does not mean that every Canadian speaks both languages. According to the 2016 census, 58.1% of the Canadian population speaks English as a native language, while 21.4% speaks French as a first language. Most native speakers of French live in Quebec, and French is the official language there. <u>In addition to</u> English and French, several other languages, including Chinese and Arabic, are the mother tongues of some Canadians.

1. Which sentence is true about the languages spoken in Canada?

   (A) Every Canadian speaks both English and French.

   (B) They have more than two official languages.

   (C) French is one of the two official languages.

2. About _____ of Canadians speak French as a first language.

   (A) one-fifth

   (B) one-third

   (C) half

3. The underlined phrase "in addition to" means "_____."

   (A) about

   (B) besides

   (C) in front of

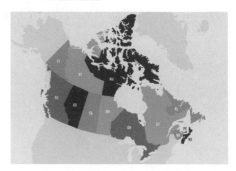

NOTES

official language：公用語　census：人口調査　Quebec：ケベック州　mother tongue：母語

Challenge Yourself! リスニング力を試そう！

Part Ⅰ (Photographs)

 1-22

(A)〜(C) の英文を聞き、写真の描写として最も適切なものを選びましょう。

1.

(A)　(B)　(C)

2.

(A)　(B)　(C)

Part Ⅱ (Question-Response)

 1-23

最初に聞こえてくる英文に対する応答として最も適切なものを (A)〜(C) の中から選びましょう。

3. (A)　　(B)　　(C)
4. (A)　　(B)　　(C)

Part Ⅲ (Short Conversations)

 1-24

会話を聞き、下の英文が会話の内容と合っていれば T (True)、間違っていれば F (False) を
○で囲みましょう。

5. The song was written by four people.　　　　　　　　　　T　　F
6. The songwriting team was named after the movie of the same title.　　T　　F

Let's Review! しっかり復習しよう！

Quick Response Training

 1-25

1. 日本語の文と同じ意味を表すようにカッコ内に適切な単語を入れて英文を完成させましょう。
2. 日本語の文を見てすぐさま対応する英文が言えるように繰り返し練習しましょう。英文の箇所を隠して練習すると効果的です。
3. 1～10までの日本語の文を何秒で英文にして言えるかペアで競い合ってみましょう。

Your Time : ( ) **seconds**

1. あなたの電話が鳴っていますよ。	1. Your phone ( ) ringing.
2. あなたは誰を待っているのですか？	2. Who ( ) you waiting for?
3. （私は）兄を待っているのです。	3. I'm ( ) for my brother.
4. 普段、週末は何をしますか？	4. What ( ) you usually do on the weekend?
5. 今夜は何をする予定ですか？	5. What ( ) you doing tonight?
6. 今日の午後、歯医者に行く予定です。	6. I'm ( ) to the dentist this afternoon.
7. 体調があまり良くありません。	7. I'm ( ) feeling very well.
8. 出かけた時は雨が降っていました。	8. It ( ) raining when I went out.
9. 今朝起きた時、雨は降っていませんでした。	9. It ( ) raining when I got up this morning.
10. あなたの電話番号はまだ覚えていますよ。	10. I still ( ) your phone number.

Linguaporta Training

授業の復習として、リンガポルタの問題を解いておきましょう。
次回授業の始めに復習テストがあります。

Unit 5

My Heart Will Go On

文法 ：未来表現

CELINE DION
LET'S TALK ABOUT LOVE

　カナダ出身の歌姫セリーヌ・ディオン（Celine Dion）の代表曲で、レオナルド・ディカプリオ主演の大ヒット映画『タイタニック』（*Titanic*）の主題歌としてもよく知られています。歌詞に出てくる "My Heart Will Go On" が伝えようとするメッセージを聞き取りましょう。

Warm-up 授業前に確認しておこう！

Vocabulary Preview

1〜10 の語句の意味として適切なものを a〜j の中から選びましょう。いずれも曲の中で使われるものです。

🎵 1-26

1. always	＿＿＿	a.	遠くに
2. fear	＿＿＿	b.	続く
3. lifetime	＿＿＿	c.	〜の間に
4. wherever	＿＿＿	d.	〜を渡って、〜を横切って
5. near	＿＿＿	e.	恐れる
6. far	＿＿＿	f.	どこで〜であっても
7. go on	＿＿＿	g.	死んだ、なくなった
8. between	＿＿＿	h.	いつも
9. across	＿＿＿	i.	生涯、一生
10. gone	＿＿＿	j.	近くに

ビートに乗って 1〜10 の語句を発音してみましょう。

Grammar Point：未来表現

I'll be back in a minute. 　　　　　　　　　（すぐに戻ります）

I'm going to start something new. 　　　　　（何か新しいことを始めるつもりです）

　これから先のことを話す場合には、≪ will ＋動詞の原形≫や≪ be going to ＋動詞の原形≫といった形を使います。下の表で確認しましょう。

will	意志（〜するつもりだ）	I'm tired. I think I'll go to bed early.
	予測（〜だろう）	Hurry up, or you'll miss the bus.
be going to	予測（〜だろう）	Look at the sky. It's going to rain.
	計画や意志（〜するつもりだ）	We're going to visit New York this summer.

38

「〜しないだろう」という否定文にするときは、≪ will not ＋動詞の原形≫や≪ be not going to ＋動詞の原形≫のように、will や be 動詞のすぐ後に not をつけます。また、「〜するつもりですか？」という疑問文にするには will や be 動詞を主語の前に持ってきます。下の例文の日本語訳を完成させながら確認しましょう。

否定文にするには will の後に not をつけます。will not ＝ won't

I'm sorry I was late. It **won't** happen again.
(   )

疑問文にするには will を主語の前に持ってきます。

What time **will** tomorrow's rehearsal start?
(   )

疑問文にするには be 動詞を主語の前に持ってきます。

What **are** you **going to** eat for lunch?
(   )

will と be going to はどちらもこれから先のことを表しますが、まったく同じ意味というわけではありません。**will は話をしている時点でそうすると決めたことを表す**のに対し、**be going to はすでに以前からそのつもりでいたことを表します。**次の例文でその違いを確認しておきましょう。

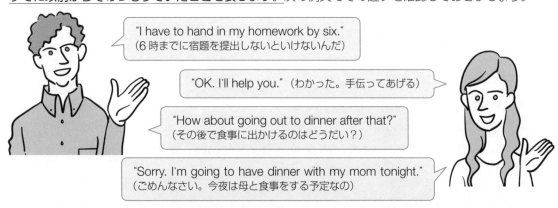

"I have to hand in my homework by six."
（6 時までに宿題を提出しないといけないんだ）

"OK. I'll help you." （わかった。手伝ってあげる）

"How about going out to dinner after that?"
（その後で食事に出かけるのはどうだい？）

"Sorry. I'm going to have dinner with my mom tonight."
（ごめんなさい。今夜は母と食事をする予定なの）

Let's Listen! 曲のメッセージを聞き取ろう！

曲を聴き、質問に対する答えとして最も適切なものを（A）〜（C）の中から１つ選びましょう。

Question : What is the message of this song?
 （A）I'll continue to love you no matter how far apart we are.
 （B）I know you don't love me any more, but I still love you.
 （C）I'll leave you, but don't forget that I really loved you.

Let's Listen Again!
歌詞を細部まで聞き取ろう！

　曲をもう1度聴き、1〜15の問題のうち、選択肢があるものはその中から適切なものを選び、空欄になっているものはヒントを参考にして当てはまる語句を書き入れましょう。

1　Every night in my dreams　毎晩夢の中で

　　I ₁. ☐☐☐ you, I ₂. ☐☐☐☐ you　あなたに（　　　　）、あなたを（　　　　）

　　That is how I know you go on　そうして私はあなたがまだ生きていることを知るの
　　そうやって〜だ

　　Far across the distance　2人を隔てる距離や

5　　and ₃. space / spaces / places between ₄. ☐☐　（　　　　）を越えて

　　You have come to ₅. ☐☐☐☐ you go on　あなたはまだ生きていることを見せに来てくれた

　　Near, far, wherever you are　近くでも、遠くでも、どこにいても

　　I ₆. leave / believe / live　私は（　　　　）

　　that the heart ₇. d ☐☐☐ go on　愛は生き続けると

10　₈. One small / Once more / Once all you open the door　（　　　　）あなたが扉を開け

　　And you're ₉. hearing / here in / healing my heart　私の心（　　　　）

　　And my heart will go on and on　私の愛はずっと続いてゆく

　　Love can touch us one ₁₀. ☐☐☐☐ and last for a lifetime　愛は1度触れると一生続くこともある

　　And never let go till we're gone　そして死ぬまで決してなくなりはしない
　　　　　　手放す、見放す

15　Love was ₁₁. w ☐☐☐ I loved you　あなたを愛した時そこには愛があった

　　One true time I hold to　決して手放したりはしない確かな時間

　　In my life ₁₂. we love ways / we always / we'll always　私の人生では2人はずっと一緒よ

　　go on

　　Near, far, wherever you are　近くでも、遠くでも、どこにいても

20　I ₆. leave / believe / live　私は（　　　　）

　　that the heart ₇. d ☐☐☐ go on　愛は生き続けると

40

8. One small / Once more / Once all you open the door

And you're 9. hearing / here in / healing my heart

And my heart will go on and on

（　　　　　）あなたが扉を開け

私の心（　　　　　）

私の愛はずっと続いてゆく

25 You're here

There's nothing I 13. f □□□

And I know that my heart will go on

We'll 14. s □□□ forever this way

You are 15. sailing / saving / safe in my heart

30 And my heart will go on and on

あなたがここにいれば

私に（　　　　　）ものはない

私の愛はずっと続くとわかっているから

これからもずっとこうしているわ

私の心の中ならあなたは大丈夫

私の愛は永遠

Listening Tip

　実際の会話では、1語ずつ区切って発音されることはなく、単語と単語がつながって聞こえることがあります。これを<u>音の連結</u>と言い、例えば when I は [(h)wén ái]「ウェン・アイ」ではなく [(h)wénai]「ウェナイ」のように聞こえます。連結は、「子音で終わる単語」の後に「母音で始まる単語」が続いた場合によく起こります。

Grammar 文法に強くなろう！

A 例にならい、カッコ内から正しい語句を選び○で囲みましょう。

例：Look at the sky. It (will / (is going to)) rain.

1. We're saving money for our trip. (We / We're going to) visit Australia in August.

2. "Did you call Michael?" "Sorry, I forgot. (I'll / I'm going to) call him now."

3. "Do you have any plans for tonight?" "Yes, (I'll / I'm going to) practice the guitar."

4. "This is just between you and me." "OK. I (will / won't) tell anybody."

B 例にならい、カッコ内の指示に従って 1〜4 の英文を否定文か疑問文に書き換えましょう。

例：Andy joined our band.（否定文に）　　*Andy didn't join our band.*

1. Beth will come to our rehearsal.（否定文に）

    _____

2. My father is going to buy a new car.（否定文に）

    _____

3. Our plane is going to leave at nine.（疑問文に）

    _____

4. Jeff will join our band, too.（疑問文に）

    _____

C 日本語の意味に合うようにカッコ内の語句を並び替え、英文を完成させましょう。ただし、文の始めにくる単語も小文字にしてあり、1 つ余分な語句が含まれています。

1. 私の兄が家業を継ぐ予定です。

    My brother (will / is / business / my family's / take over / going to) .

2. 両親はそれを聞いたら喜ぶでしょう。

    My parents (are / will / happy / to / be / hear) that.

3. 今週末何をするつもりですか？

    (you / to / will / are / what / do / going) this weekend?

4. 万事うまくいきますよ。

    (are / is / going / work / to / everything) out.

42

UNIT 5 • *My Heart Will Go On*

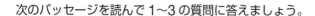 **Let's Read!** 読解力を高めよう！

次のパッセージを読んで 1〜3 の質問に答えましょう。 1-27

Message of the Song

My Heart Will Go On is the theme song from the movie *Titanic*. It is one of the best-selling singles worldwide. In the movie, we learn about the love between a rich, unhappy girl and a penniless artist. He dies as the *Titanic* sinks, but the girl never forgets him. The meaning of the song's lyrics <u>mirrors</u> the story of the movie. The person sung about may no longer be with us, but the singer is saying that the memory of him is locked forever in her heart. The message in this song is simple: love will never die.

1. Which sentence is true about the movie *Titanic*?
   (A) The movie describes the love between a poor, unhappy girl and a wealthy artist.
   (B) The theme song from the movie is one of the most successful singles worldwide.
   (C) Both the girl and the artist lose their lives as the ship goes down to the bottom of the sea.

2. The underlined word "mirrors" means "_____."
   (A) breaks easily
   (B) is similar to
   (C) is the opposite of

3. The person sung about in the song *My Heart Will Go On* is probably _____.
   (A) still alive
   (B) about to die
   (C) dead

NOTES

penniless：一文無しの　lyrics：歌詞

43

Part Ⅰ (Photographs)

 1-28

(A)〜(C) の英文を聞き、写真の描写として最も適切なものを選びましょう。

1.

(A)　(B)　(C)

2.

(A)　(B)　(C)

Part Ⅱ (Question-Response)

 1-29

最初に聞こえてくる英文に対する応答として最も適切なものを (A)〜(C) の中から選びましょう。

3. (A)　(B)　(C)
4. (A)　(B)　(C)

Part Ⅲ (Short Conversations)

 1-30

会話を聞き、下の英文が会話の内容と合っていれば T (True)、間違っていれば F (False) を
○で囲みましょう。

5. The man knows that the song was used in the film *Titanic*.　　　　T　　F
6. The woman says that she's going to watch the film *Titanic*.　　　　T　　F

Let's Review! しっかり復習しよう！

Quick Response Training

 1-31

1. 日本語の文と同じ意味を表すようにカッコ内に適切な単語を入れて英文を完成させましょう。
2. 日本語の文を見てすぐさま対応する英文が言えるように繰り返し練習しましょう。英文の箇所を隠して練習すると効果的です。
3. 1〜10までの日本語の文を何秒で英文にして言えるかペアで競い合ってみましょう。

Your Time : ( ) seconds

1. すべてうまく行きますよ。	1. Everything is ( ) to be fine.
2. （私はあなたに）後でメールします。	2. ( ) send you an e-mail later.
3. （私は）すぐに戻ります。	3. ( ) be right back.
4. 長くはかかりません（すぐに戻ります）。	4. I ( ) be long.
5. そのパーティに何を着ていく予定ですか？	5. What are you ( ) to wear to the party?
6. アルバイトをするつもりはありません。	6. I'm ( ) going to work part-time.
7. 彼らはすぐここに来ます。	7. They ( ) be here soon.
8. 彼女はいつ帰ってくるのですか？	8. When ( ) she going to come back?
9. 私たちは諦めません。	9. We won't give ( ).
10. もし明日雨ならあなたは何をしますか？	10. If it rains tomorrow, what ( ) you do?

Linguaporta Training

授業の復習として、リンガポルタの問題を解いておきましょう。
次回授業の始めに復習テストがあります。

Unit 6

With You

　アメリカの人気 R ＆ B シンガー、クリス・ブラウン（Chris Brown）の大ヒット曲です。恋人と一緒にいる時の素直な気持ちを歌っていますが、"You're like Jordans on Saturday"（君は土曜日のエア・ジョーダンのようさ）という変わった表現も出てきます。一体どんなメッセージを伝えようとしているのか聞き取ってみましょう。

Warm-up 授業前に確認しておこう！

Vocabulary Preview

1～10 の語句の意味として適切なものを a～j の中から選びましょう。いずれも曲の中で使われるものです。

CD 1-32

1. swear	_____	a. 抱擁
2. glad	_____	b. 嘘をつく
3. care for	_____	c. ～を意味する
4. lie	_____	d. ユニークな、比類のない
5. deny	_____	e. 誓う、～と断言する
6. mean	_____	f. 包み隠しのない、率直な
7. figure	_____	g. 体つき、スタイル
8. straight	_____	h. 否定する
9. one of a kind	_____	i. うれしくて
10. hug	_____	j. ～を大事に思う、～が好きだ

ビートに乗って 1～10 の語句を発音してみましょう。

Grammar Point：助動詞

Could you help me?　　　　　　　　　（手伝っていただけませんか？）

Shall I open the window?　　　　　　（窓を開けましょうか？）

助動詞は動詞の前につけて動詞に意味を追加するものです。助動詞の場合、一般動詞と違って主語が 3 人称単数であっても語尾に s や es がつくことはありません。主な助動詞とその用法は下の表の通りです。

can	～できる（be able to） ～してもよい	must	～しなければならない（have to） ～に違いない
may	～してもよい ～かもしれない	might	～かもしれない
should	～すべきである ～のはずである	shall	(Shall I ...?) ～しましょうか？ (Shall we ...?) ～しませんか？

must の否定形 must not は「～してはいけない」という意味になり、「～する必要はない」と言いたい場合は don't have to を使います。また、would と could はそれぞれ助動詞 will と can の過去形ですが、実際のコミュニケーションにおいては過去の意味で使うのではなく、丁寧な言い方をする場合によく用いられます。

would like	～をいただきたいのですが	*want や want to よりも丁寧で控えめな感じがします。
would like to	～したいのですが	
Would you...?	～していただけないでしょうか？	*Will you...? や Can you...? よりも丁寧で控えめな感じがします。
Could you...?		

上の表を参考にして、下の例文の日本語訳を完成させましょう。

疑問文にするときは助動詞を文の始めに置きます。

Can I ask you a personal question?
(   )

否定文にするときは助動詞のすぐ後に not をつけます。

You shouldn't believe Michael. He often tells lies.
(   )

I'd like a glass of orange juice, please.
(   )

Would you like to leave a message?
(   )

Let's Listen! 曲のメッセージを聞き取ろう！

曲を聴き、質問に対する答えとして最も適切なものを（A）～（C）の中から１つ選びましょう。

Question：What is the message of this song?

(A) We broke up, but it was a big mistake. I want to be with you again.

(B) I'm happy to be your boyfriend. I want to be with you all the time.

(C) You're so special to me. I want to be your boyfriend.

WITH YOU
by Tor Erik Hermansen, Espen Lind, Amund Bjorklund, Mikkel
Eriksen and Johnta M Austin
© HIPGNOSIS SONGS FUND LIMITED
All Rights Reserved. Print rights for Japan administered by Yamaha
Music Entertainment Holdings, Inc.
© Sony/ATV Music Publishing (UK) Limited, EMI Music Publishing
Ltd. and Stellar Songs Limited
The rights for Japan licensed to Sony Music Publishing (Japan) Inc.

Let's Listen Again!
歌詞を細部まで聞き取ろう！

曲をもう 1 度聴き、1〜15 の問題のうち、選択肢があるものはその中から適切なものを選び、空欄になっているものはヒントを参考にして当てはまる語句を書き入れましょう。

1　I need　1.☐☐☐ boo, I gotta see you boo 　　可愛い子 = got to	（　　　　　）会いたくて仕方ない
And the hearts all over the　2. wo☐☐☐　3. to☐☐☐☐☐ 　　= lovers	そんな思いを抱えた心は（　　　　　） 　溢れている
Said the hearts all over the　2. wo☐☐☐　3. to☐☐☐☐☐	そんな思いを抱えた心は（　　　　　） 　溢れている
I need　1.☐☐☐ boo (oh), I gotta see you boo (hey)	（　　　　　）会いたくて仕方ない
5　And the hearts all over the　2. wo☐☐☐　3. to☐☐☐☐☐	そんな思いを抱えた心は（　　　　　） 　溢れている
Said the hearts all over the　2. wo☐☐☐　3. to☐☐☐☐☐	そんな思いを抱えた心は（　　　　　） 　溢れている
Hey, little mama, ooh, you're a stunner 　　　　セクシーな子　　　　　魅力的な子	そこの彼女　とっても素敵さ
Hot little figure, yes, you're a winner	セクシーだよ　そう、君は最高さ
And I'm so　4. g☐☐☐ to be yours	君の彼氏になれて（　　　　　）
10　You're a class all your own, and…	君は他の子とは比べ物にならない
Ooh, little cutie, when you talk to me, 　　　　可愛い子	とってもキュートさ　君が話しかけると
I　5. s☐☐☐☐ the whole world stops	まるで世界が止まってしまうんだ
You're my sweetheart	君は僕の大切な人
And I'm so　4. g☐☐☐ that you're mine	君が僕の彼女で（　　　　　）
15　You are one of a kind and…	君は特別な人さ、それに
You mean to me what I mean to you and…	僕たちはお互いにとって大切な存在
Together baby, there is nothing we　6. want / want to / 　won't do	（　　　　　　　　　）
'Cause if I got you, I don't need　7. m☐☐☐☐	だって君がいれば（　　　　　）も
20　I don't need　8. girls / cars / hearts ,	（　　　　　）もいらない
Girl, you're my all, and…	君が僕のすべてだから、それに
*Oh, I'm into you, and girl, no one else would do 　　　〜に夢中で　　　　　　　　　十分である	（　　　　　　　　　）
'Cause with every kiss and every hug, 　you make me fall in love	だってキスするたび、ハグするたび 僕は君に恋していく
25　And now I know I　9. can / can't / could be the only one	こんな気持ちは僕だけ（　　　　　）
I bet there's hearts all over the　2. wo☐☐☐　3. to☐☐☐☐☐ , 　きっと〜だ	きっと（　　　　　　　　　）たく 　さんいるはず
with the love of their life, who feel what I feel when I'm with you, with you, with you, with you, with you, girl with you, with you, with you, with you, with you, oh, 30　girl	僕と同じ思いの人が 君と一緒にいる時のこの気持ちと 君と一緒にいる時のこの気持ちと
I don't want nobody else	他の人なんていらない
Without you, there's no one left and	君がいなけりゃ他に誰もいない
you're like Jordans on Saturday	君は土曜日のエア・ジョーダンみたいさ

I gotta have you and I 10. can / can't / cannot wait now

35 Hey, little shawty, say you care for me
可愛い子

You know I care for you
You know that I'll be true
You know that I 11. want / want to / won't lie
You know that I 12. will / would / won't try to be your
40   everything, yeah
'Cause if I got you, I don't need 7. m □□□□
I don't need 8. girls / cars / hearts
Girl, you're my all, yeah

    *Repeat

45 And I 13. will ever / will never / would never try to deny
    that you're my whole life
'Cause if you ever let me go I would die
So I 14. want / want to / won't front,
見えを張る

I don't need another 15. w □□□□
50 I just need you, all or nothing
'Cause if I got that, then I'll be straight
Baby, you're the best part of my day

I need 1. □□□ boo, I gotta see you boo
And the hearts all over the 2. wo □□□ 3. to □□□□□
55 Said the hearts all over the 2. wo □□□ 3. to □□□□□
(Ooh yeah) They need their boos (they need it), they gotta
    see their boos
And the hearts all over the 2. wo □□□ 3. to □□□□□
Said the hearts all over the 2. wo □□□ 3. to □□□□□

60 *Repeat
With you, with you, with you, with you, with you,
    with you, only with you
With you, with you, with you, with you, with you,
    hey yeah

君に会いたい　もう待てない

ヘイ、彼女、僕が好きだと言ってよ

僕が（　　　　　　　　　）知っているだろ
僕がずっと誠実であることも
（　　　　　　　　　　）ことも
君の全てになれるよう努力するってことも

だって、君がいれば（　　　）も
（　　　　　　　）もいらない
ガール、君は僕のすべてだから

* 繰り返し

（　　　　　　　　　　　　　　）
君が僕の人生そのものだってこと
だって君がいなくなると僕は死んでしまう
だから（　　　　　　　　）

他の（　　　　　）なんていらない
君が必要だ、君がいなけりゃ駄目なんだ
もし君の愛があれば正直に言うよ
君といる時が1日の中で最高のときなんだ

（　　　　　）　会いたくて仕方ない
そんな思いを抱えた心は（　　　　　　）
そんな思いを抱えた心は（　　　　　　）
誰も恋人が必要なのさ　会いたいのさ

そんな思いを抱えた心は（　　　　　　）
そんな思いを抱えた心は（　　　　　　）

* 繰り返し
君と一緒にいる時のこの気持ち

君と一緒にいる時のこの気持ち

Listening Tip

　口語では have to とほぼ同じ意味で have got to が使われ、その have が省略されて got to となることがよくあります。この got to（〜しなければならない）という表現は、[gát túː]「ガット・トゥ」ではなく、gotta [gátə]「ガタ、ガラ」と1語のように聞こえます。また、歌詞でも実際の発音通りに gotta と1語で綴られることが多くあります。なお、gotta は略式の表記方法ですから、英文を書く際には have to を使うようにしましょう。

A 例にならい、枠の中から適切な語句を選んで次の 1〜4 の文を完成させましょう。

例：Excuse me. (May) I ask you a question?

1. You don't (   ) worry. Everything will be all right.
2. There were no buses, so we (   ) walk home last night.
3. Hi, I'm Beth. You (   ) be Kate. Nice to meet you.
4. We don't have much time, so we (   ) waste it.

> have to
> shouldn't
> must
> may ✓
> had to

B 例にならい、カッコ内から正しい語句を選び○で囲みましょう。

例：I don't believe it. It (can / (can't)) be true.

1. (Would you like / Would you like to) some coffee?
2. Do I (must / have to) wear a tie?
3. (Could I / Could you) have your name?
4. (Would you like / Would you like to) eat lunch together?

C 日本語の意味に合うようにカッコ内の語句を並び替え、英文を完成させましょう。ただし、文の始めにくる単語も小文字にしてあり、1 つ余分な語句が含まれています。

1. その絵を見てもいいですか？

   (look / a / can you / at / can I / take) the picture?

2. そんなに夜更かししない方がいいですよ。

   (up / you / sit / not / should / have to) so late.

3. 残念ですが、良いことにはいつか終わりが来るのです。

   I'm afraid all good things (end / must / have / an / come / to).

4. 何曜日に会いましょうか？

   (shall / you / what / meet / we / day)?

Let's Read! 読解力を高めよう！

次のパッセージを読んで 1 ～ 3 の質問に答えましょう。 1-33

Because or 'Cause

In his song Chris Brown uses "'cause" (note the apostrophe) instead of "because": "'Cause if I got you, I don't need money." What is the difference between "'cause" and "because"?

"'Cause" is a short form of "because" and means the same thing. This short form is fine for casual speech, but not suitable for formal speech or writing. Some people forget to use the apostrophe in informal contexts, or they might just be mistaken. What's more, some other people use completely different spellings, like "coz" or "cuz." Using "'cause" is fine in conversation, but otherwise you should use "because."

1. Some people forget the apostrophe and use "_____" in informal contexts.

    (A) 'cause

    (B) because

    (C) cause

2. The underlined phrase "what's more" means "_____."

    (A) besides

    (B) however

    (C) because

3. Which sentence is true about the word "'cause"?

    (A) It is appropriate for formal speech.

    (B) Its meaning is the same as "because."

    (C) You should not use it in conversation.

apostrophe：アポストロフィー（文字の右肩に付けられる「'」の記号）　context：状況

Challenge Yourself! リスニング力を試そう！

Part I (Photographs)

🎧 1-34

(A)～(C) の英文を聞き、写真の描写として最も適切なものを選びましょう。

1.

(A)　(B)　(C)

2.

(A)　(B)　(C)

Part II (Question-Response)

🎧 1-35

最初に聞こえてくる英文に対する応答として最も適切なものを (A)～(C) の中から選びましょう。

3. (A)　(B)　(C)
4. (A)　(B)　(C)

Part III (Short Conversations)

🎧 1-36

会話を聞き、下の英文が会話の内容と合っていれば T（True）、間違っていれば F（False）を
○で囲みましょう。

5. The singer released his first album before he turned 18.　　T　　F
6. The song was the second single from his second album.　　T　　F

Let's Review! しっかり復習しよう！

Quick Response Training

 CD 1-37

1. 日本語の文と同じ意味を表すようにカッコ内に適切な単語を入れて英文を完成させましょう。
2. 日本語の文を見てすぐさま対応する英文が言えるように繰り返し練習しましょう。英文の箇所を隠して練習すると効果的です。
3. 1〜10までの日本語の文を何秒で英文にして言えるかペアで競い合ってみましょう。

Your Time : (　　　) seconds

1. ドアを閉めましょうか？	1. (　　　) I close the door?
2. 何時に会いましょうか？	2. What time shall (　　　) meet?
3. 領収書をいただきたいのですが。	3. I'd (　　　) a receipt.
4. （あなたに）質問をしたいのですが。	4. I'd like (　　　) ask you a question.
5. 早退してもよろしいでしょうか？	5. May (　　　) leave early?
6. 手伝っていただけませんでしょうか？	6. Could (　　　) help me?
7. お疲れでしょう（あなたは疲れているに違いありません）。	7. You (　　　) be tired.
8. 宿題を終わらせないといけません。	8. I (　　　) to finish my homework.
9. 急ぐ必要はありません。	9. You (　　　) have to hurry.
10. 医者に診てもらった方がいいですよ（あなたは医者に診てもらうべきです）。	10. You (　　　) see a doctor.

Linguaporta Training

授業の復習として、リンガポルタの問題を解いておきましょう。
次回授業の始めに復習テストがあります。

53

Unit 7

Torn

NATALIE IMBRUGLIA
GLORIOUS
THE SINGLES
97-07

文法 ：受動態

　女優、モデルとしても活躍しているオーストラリア出身の歌手ナタリー・インブルーリア（Natalie Imbruglia）の大ヒット曲です。この曲の中で、彼女は今の状態を "I'm torn" と歌っていますが、一体どんなメッセージを伝えようとしているのか聞き取ってみましょう。

Warm-up 授業前に確認しておこう！

Vocabulary Preview

1～10 の語句の意味として適切なものを a～j の中から選びましょう。いずれも曲の中で使われるものです。

🎵 1-38

1. adore	_____	a. 気にする
2. faith	_____	b. 横たわる
3. already	_____	c. ～がない ［いない］ のを寂しく思う
4. lie	_____	d. ～を引き裂く
5. tear	_____	e. ～を熱愛する
6. warm	_____	f. すっかり目覚めた
7. care	_____	g. すでに
8. wide awake	_____	h. ひらめき
9. miss	_____	i. 信じること、信頼
10. inspiration	_____	j. 心の温かい

ビートに乗って 1～10 の語句を発音してみましょう。

Grammar Point：受動態

Michael **made** our band's website.　　　（マイケルがバンドのホームページを作りました）〔能動態〕

Our band's website **was made** by Michael.　（バンドのホームページはマイケルによって作られました）〔受動態〕

> 「～によって」は by で表しますが、誰がしたのかが重要でない場合には不要です。

「～は…される／されている」のように、何らかの動作を受けることを表す場合には、**受動態**を用い、≪ be 動詞＋過去分詞≫という形で表します。これに対して、これまで学習してきた「～は…する」のように、何かに働きかけることを表す文を**能動態**と言います。

　能動態にするか受動態にするかは、話題になっている「もの」や「こと」によって決まります。次の例文では、話題が SNS なので受動態が使われるわけです。

Social networking services are very popular now. They **are used** around the world.
（SNS は現在とても人気があり、世界中で使われています）

54

この例文は"People use them around the world."のように能動態で表現することも可能ですが、受動態で表現する方が自然です。

また、過去分詞は、talk → talked（過去形）→ talked（過去分詞）のように、多くの場合、動詞の過去形と同じ形ですが、speak → spoke（過去形）→ spoken（過去分詞）のように不規則に変化するものもあります。巻末資料を参考にしながら下の表の空欄に適切な動詞の形を書き入れ確認しましょう。

不規則動詞の変化パターン	原形	過去形	過去分詞形
A-A-A （原形、過去形、過去分詞がすべて同じ）	put read	put	put
A-B-A （原形と過去分詞が同じ）	become run		
A-B-B （過去形と過去分詞が同じ）	hear keep		
A-B-C （原形、過去形、過去分詞がすべて異なる）	eat choose		

受動態にも能動態と同じように、様々な時制があります。下の例文の日本語訳を完成させながら使い方を確認しましょう。

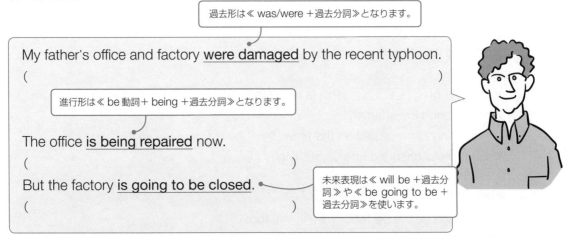

過去形は≪ was/were ＋過去分詞≫となります。

My father's office and factory **were damaged** by the recent typhoon.
(　　　　　　　　　　　　　　　　　　　　　　　　　　　　　)

進行形は≪ be 動詞＋ being ＋過去分詞≫となります。

The office **is being repaired** now.
(　　　　　　　　　　　　　　)
But the factory **is going to be closed**.
(　　　　　　　　　　　　　　)

未来表現は≪ will be ＋過去分詞≫や≪ be going to be ＋過去分詞≫を使います。

Let's Listen! 曲のメッセージを聞き取ろう！

曲を聴き、質問に対する答えとして最も適切なものを（A)～(C）の中から１つ選びましょう。

Question：What is the message of this song?

　(A) I was lonely, but not any more. I'm happy to be with you.

　(B) I'm feeling down, and only you can help me.

　(C) I feel lonely and helpless. No one can help me.

Let's Listen Again!
歌詞を細部まで聞き取ろう！

　曲をもう1度聴き、1～15の問題のうち、選択肢があるものはその中から適切なものを選び、空欄になっているものはヒントを参考にして当てはまる語句を書き入れましょう。

1　I thought I saw a man brought to life
　　bring ～ to life で「～を生き生きとさせる」
　　憧れの人に巡り合えたと思った

He was 1. w□□□
（　　　　　　）

He came around like he was dignified
　　やってきた　　　　　　堂々とした
威厳たっぷりな感じでやってきたの

He 2. showing / showed me / shown what it was to cry
泣くことがどういうことか教えてくれたわ

5　Well, you 3. could be / could've been / couldn't be
　　that man I adored
あなたじゃ私が愛したあの人に

You don't seem to know
（　　　　　　）

　or seem to care what 4. □□□□ heart is for
あなたにはわからないし、気にもしていないようね　心が何のためにあるのか

I don't know him anymore
もうあの人のことがわからない

10　There's nothing where he used to lie
あの人のいた場所には何もない

The conversation has run dry
　　　　　　　　枯渇する
会話は途切れてしまった

That's what's 5. go in on / going on / go in all
それが今の状態

Nothing's fine, I'm torn
いいことなんて何もない　私は傷だらけ

I'm all out of 6. f□□□□ , this is how I feel
何も（　　　）できない　それが今の気持ち

15　I'm cold and I am shamed
寒くて辱められて

　7. lie / lying / line naked on the floor
裸のまま床に（　　　　　　）

Illusion never changed into something 8. r□□□
　　幻想
幻想は決して（　　　）にはならなかった

I'm 9. □□□□ awake
（　　　　　　）

and I can see the perfect 10. s□□ is torn
（　　　　　）は引き裂かれて

20　You're a little late
あなたは少し遅すぎたの

I'm 11. a□□□□□□ torn
私はもう傷だらけ

So I guess the fortune teller's right
　　占い師 teller's = teller was
だから占い師が正しかったのね

I should have 12. s□□□ just what was there
そこにあったものだけを見るべきだったわ

　and not some holy light
聖なる光じゃなくて

25　But you crawled beneath my veins and now
けどあなたに夢中になってしまった
　　ここでは get beneath someone's skin
　　（～を魅了する）とほぼ同じ意味

I don't ₁₃. c □□□ , I have no ₁₄. l □□□   もうどうでもいいの （　　　）がないのよ
I don't ₁₅. miss / miss it / missing all that much   そんなに困りはしないわ
There's just so many things that I can't touch   触れられないものがたくさんあるってこと
I'm torn   私は傷だらけ

30 I'm all out of ₆. f □□□□ , this is how I feel   何も（　　　）できない　それが今の気持ち
I'm cold and I am shamed   寒くて辱められて
    ₇. lie / lying / line naked on the floor   裸のまま床に（　　　　　）
Illusion never changed into something ₈. r □□□   幻想は決して（　　　）にはならなかった
I'm ₉. □□□□ awake   （　　　　　）
35   and I can see the perfect ₁₀. s □□ is torn   （　　　　　）は引き裂かれて
You're a little late   あなたは少し遅すぎたの
I'm ₁₁. a □□□□□□ torn, torn   私はもう傷だらけ

There's nothing where he used to lie   あの人のいた場所には何もない
My inspiration has run dry   妙案も浮かばなくなった
40 That's what's ₆. go in on / going on / go in all それが今の状態
Nothing's right, I'm torn   いいことなんて何もない　私は傷だらけ

I'm all out of ₆. f □□□□ , this is how I feel   何も（　　　）できない　それが今の気持ち
I'm cold and I am shamed   寒くて辱められて
    ₇. lie / lying / line naked on the floor   裸のまま床に（　　　　　）
45 Illusion never changed into something ₈. r □□□ 幻想は決して（　　　）にはならなかった
I'm ₉. □□□□ awake   （　　　　　）
    and I can see the perfect ₁₀. s □□ is torn   （　　　　　）は引き裂かれて
I'm all out of ₆. f □□□□ , this is how I feel   何も（　　　）できない　それが今の気持ち
I'm cold and I'm ashamed   冷たくて恥ずかしくて
50   bound and broken on the floor   縛られ傷ついて床に横たわっている
You're a little late   あなたは少し遅すぎたの
I'm ₁₁. a □□□□□□ torn, torn   私はもう傷だらけよ　傷だらけ

Listening Tip

　外来語のカタカナ表記が聞き取りや発音に悪影響を及ぼす場合があります。例えば、shopping など動詞の ing 形は、カタカナでは「ショッピング」のように「〜(イ)ング」と表記されますが、一般に –ing 形の [iŋ] における [ŋ] は「ンヶ」という感じの鼻にかかった音で、「グ」の部分は鼻から抜けていき、あまりはっきりとは聞こえません。ing 形の発音は決して「イング」ではありませんので、気をつけたいものです。

Grammar 文法に強くなろう！

A 例にならい、枠の中から適切な単語を選び、必要な場合は適切な形にして次の1〜4の文を完成させましょう。

例：Instagram is very popular now. It is (used) around the world.

1. All the presentations were (　　　　) in English.
2. Natalie was born and (　　　) up in Sydney.
3. The factory was (　　　) by the earthquake.
4. Kevin was (　　　) after his grandfather.

```
bring
damage
make
name
use ✓
```

B 例にならい、カッコ内から正しい語句を選び○で囲みましょう。

例：My passport (stole /(was stolen)) at the airport this morning.

The song *Torn* 1.(wrote / was written) by members of the rock band, Ednaswap and it 2.(appeared / was appeared) on their debut album. In 1997, Australian singer Natalie Imbruglia 3.(covered / was covered) the song, and her version became a worldwide hit. It 4.(covered / was covered) by the popular pop group, One Direction, too.

C 日本語の意味に合うようにカッコ内の語句を並び替え、英文を完成させましょう。ただし、文の始めにくる単語も小文字にしてあり、<u>1つ余分な語句が含まれています</u>。

1. そのお菓子はお米でできています。

　(make / made / from / rice / are / the sweets).

2. ケイトは子ども扱いされるのが大嫌いです。

　Kate (being / be / treated / a child / hates / like).

3. この部屋は何のために使われるのですか？

　(this / used / what / does / room / is) for?

4. そのコンサートのチケットは売り切れました。

　(was / tickets / sold / for / the concert / were) out.

Let's Read! 読解力を高めよう！

次のパッセージを読んで 1〜3 の質問に答えましょう。 1-39

Aussie English

Natalie Imbruglia is a popular Australian singer. Let's take a look at the language of her country—Australian (Aussie) English. Aussie English has its own unique accent and vocabulary.

Some Australian English vowels sound different from vowels of other kinds of English. For example, the Australian "day" sounds like the "die" of most British or American people. Days of the week, however, are often different and the day sounds like "dee." Australians also use words that other English speakers do not. For example, the famous Australian greeting is "G'day, mate." "G'day" (short for "good day") means "hello" and "mate" means "friend."

1. The Australian "Sunday" sounds like " _____."
   (A) Sun-day
   (B) Sun-die
   (C) Sun-dee

2. The underlined phrase "G'day, mate" means " _____."
   (A) Hi. How are you?
   (B) Goodbye, my friend.
   (C) Thank you, dear.

3. "G'day, mate" is an example of words _____.
   (A) that British people as well as Australian people use
   (B) unique to Australian English
   (C) that Australian people used to use

| vowel：母音 |

Part Ⅰ (Photographs)

 1-40

(A)〜(C) の英文を聞き、写真の描写として最も適切なものを選びましょう。

1.

(A) (B) (C)

2.

(A) (B) (C)

Part Ⅱ (Question-Response)

 1-41

最初に聞こえてくる英文に対する応答として最も適切なものを (A)〜(C) の中から選びましょう。

3. (A) (B) (C)

4. (A) (B) (C)

Part Ⅲ (Short Conversations)

 1-42

会話を聞き、下の英文が会話の内容と合っていれば T (True)、間違っていれば F (False) を〇で囲みましょう。

5. The song is about Natalie Imbruglia's own experience.   T   F

6. The song was written by three people.   T   F

Let's Review! しっかり復習しよう！

Quick Response Training

CD 1-43

1. 日本語の文と同じ意味を表すようにカッコ内に適切な単語を入れて英文を完成させましょう。
2. 日本語の文を見てすぐさま対応する英文が言えるように繰り返し練習しましょう。英文の箇所を隠して練習すると効果的です。
3. 1～10 までの日本語の文を何秒で英文にして言えるかペアで競い合ってみましょう。

Your Time : ( ) seconds

1. 母は、1980 年生まれです。	1. My mother ( ) born in 1980.
2. マイケルがこの曲を書きました。	2. Michael ( ) this song.
3. この曲はマイケルによって書かれました。	3. This song was ( ) by Michael.
4. 昨日、自転車が盗まれました。	4. My bicycle was ( ) yesterday.
5. あなたの自転車はまた盗まれたのですか？	5. ( ) your bicycle stolen again?
6. この単語はあまり使われません。	6. This word ( ) used very often.
7. お生まれはどちらですか？（あなたはどこで生まれましたか？）	7. Where were you ( )?
8. この建物はいつ建てられたのですか？	8. When was this building ( )?
9. エアコンは現在、修理中です。	9. The air conditioner ( ) being repaired now.
10. トイレは現在、清掃中です。	10. The restroom is ( ) cleaned now.

Linguaporta Training

授業の復習として、リンガポルタの問題を解いておきましょう。
次回授業の始めに復習テストがあります。

Unit 8

You Are Not Alone [Radio Edit]

文法 ：現在完了形

King of Pop として知られるマイケル・ジャクソン（Michael Jackson）の代表的なバラードで、全米ポップチャートで史上初めて「初登場第 1 位」を記録した曲としてギネスブックにも登録されています。"You're not alone" と繰り返される歌詞に込められたメッセージを聞き取りましょう。

Warm-up 授業前に確認しておこう！

Vocabulary Preview

1～10 の語句の意味として適切なものを a～j の中から選びましょう。いずれも曲の中で使われるものです。

🎧 2-01

1. still	_____	a.	ただ 1 人で
2. whisper	_____	b.	（重荷など）を負う
3. prayer	_____	c.	離れて、向こうに
4. alone	_____	d.	～だけれども
5. hold	_____	e.	ささやく
6. away	_____	f.	まだ、今もなお
7. though	_____	g.	ほかの、別の
8. burden	_____	h.	祈り
9. bear	_____	i.	～を抱く、～を握る
10. other	_____	j.	負担、重荷

ビートに乗って 1～10 の語句を発音してみましょう。

Grammar Point：現在完了形

We've just eaten lunch.　　　　　　　（私たちはちょうど昼食を済ませたところです）

Have you met our new member yet?　（新しいメンバーにはもう会いましたか？）

過去にしたことや過去に起こったことを現在と結びつけて話す場合には**現在完了形**を用い、≪ have/has ＋過去分詞≫という形で表します。また、主語が 3 人称単数の場合は has を使います。現在完了形の表す意味にはいくつか種類がありますので、just（ちょうど今）や already（もうすでに）などの副詞が意味を見極める上でのポイントになります。下の表で確認しましょう。

完了	～したところだ	The concert has *just* started.
	～してしまった	Peter has *already* left for home.
経験	～したことがある	I've seen you somewhere *before*.
継続	ずっと～している	My parents have been married for 20 years.

疑問文にするには have や has を主語の前に持ってきます。また、否定文にするときは、≪ have/has not ＋過去分詞≫のように、have や has のすぐ後に not をつけます。下の例文の日本語訳を完成させながら確認しましょう。

ever は「今までに」という意味で、「経験」を表す現在完了形とよく用いられます。

Have you *ever* **seen** a ghost? In fact, I**'ve** *just* **seen** one.
(　　　　　　　　　　　　　　　　　　　　　　　　　　　　)
My parents **haven't come** home *yet*, so I'm scared.
(　　　　　　　　　　　　　　　　　　　　　　　　　　　　)

yet は否定文中で「まだ〜ない」、疑問文中で「もう〜したか？」という意味を表します。

just などの副詞の他、for（〜の間）や since（〜以来）のような期間や時期を表す語句も現在完了形とよく用いられます。ただし、現在完了形は、あくまで現在の状況と関連づけて述べる言い方なので、yesterday など、すでに終了した時を表す語句とは一緒に用いません。

≪have/has been ＋現在分詞≫を現在完了進行形と呼び、「今までずっと〜している」という動作の継続を表します。

I first **learned** guitar *when I was 10 years old*, so I**'ve been playing** it *for* nine years.
(　　　　　　　　　　　　　　　　　　　　　　　　　　　　　　　)
Jeff and I **have been** in the same band *since* high school.
(　　　　　　　　　　　　　　　　　　　　　　　　　　　　　　　)

Let's Listen! 曲のメッセージを聞き取ろう！

曲を聴き、質問に対する答えとして最も適切なものを（A）〜（C）の中から１つ選びましょう。

Question：What is the message of this song?

(A) I can't see you any more, but I know you're always in my heart.

(B) We are all alone now. I want this moment to last forever.

(C) You say that I'm not alone, but I don't believe it. I feel so sad and lonely.

Let's Listen Again!
歌詞を細部まで聞き取ろう！

　曲をもう1度聴き、1〜15の問題のうち、選択肢があるものはその中から適切なものを選び、空欄になっているものはヒントを参考にして当てはまる語句を書き入れましょう。

1	Another day has gone	また1日が過ぎてしまった
	I'm still all alone	僕は1人ぼっちのまま
	How could this be?	どうしてこんなことになったのだろう
	You're not here with me	君が僕のそばにいないなんて
5	You never 1. s□□□ goodbye	君はさよならも（　　　　　　　　　）
	Someone tell me why	誰か理由を教えてほしい
	Did you have to go	僕をこんな孤独の中に置き去りにしなければな
	and leave my 2. word / world / words so cold?	らなかったのかい
	Every day I sit and ask myself,	毎日僕は座って自分に問いかけるのさ
10	"How did love slip away?"	どうやって愛が消えてしまったのか
	なくなる	
	Something 3. whisper / whispers / whispered in my ear	何かが耳元で（　　　　　　　　　）
	and 4. s□□□ that you are not alone	「あなたは1人なんかじゃない
	I am here with you	私がいるでしょ
	Though you're far 5. away / apart / and away ,	あなたは遠く（　　　　　　　　）けれど
15	I am here 6. today / to stay / staying	私はずっとここにいてあげる」
	But you are not alone	「でもあなたは1人じゃない
	I am here with you	私がここにいるでしょ
	Though we're far 7. away / apart / and away ,	遠く（　　　　　　　）けれど
	you're always in my 8. h□□□□	あなたはいつだって私の（　　　　　）の中
20	But you are not alone	でもあなたは1人じゃない」
	All alone	本当に1人ぼっち
	Why, alone oh	どうして
	Just 9. another / other / the other night	つい（　　　　　　　　）夜
	I thought I 10. hard / hurt / heard you cry,	君の泣き声を聞いた気がした
25	asking me to come	「そばに来て（　　　　　　　　）
	and 11. h□□□ you in my arms	という声さ
	I can hear your 12. players / prayers / swears	君の（　　　　　　　　）は聞こえるよ
	Your burdens I will bear	君の重荷は僕が背負ってあげる
	But first I 13. n□□□ your hand	でもまず手を（　　　　　　　　　）
30	Then forever can begin	永遠はそこから始まるのさ
	Every day I sit and ask myself,	毎日僕は座って自分に問いかけるのさ
	"How did love slip away?"	どうやって愛が消えてしまったのか
	Something 3. whisper / whispers / whispered in my ear	何かが耳元で（　　　　　　　　）
	and 4. s□□□ that you are not alone	「あなたは1人なんかじゃない

35 For I am here with you
　　Though you're far 5. away / apart / and away ,
　　　I am here 6. today / to stay / staying

だって私がいるでしょ
遠く（　　　　　　　　）けれど
私はずっとここにいてあげる」

　　But you are not alone?
　　I am here with you
40 Though we're far 7. away / apart / and away ,
　　　you're always in my 8. h ▢▢▢▢
　　But you are not alone

「でもあなたは1人じゃない
私がここにいるでしょ
遠く（　　　　　　　　）けれど
あなたはいつだって私の（　　　　　）の中
でもあなたは1人じゃない」

　　Whisper three 14. w ▢▢▢▢
　　　and I'll come 15. loving / running / burning
45 　and I, and girl, you know that I'll be there
　　　　　　　ガール（呼びかけ）

3つの（　　　　　　　）をささやいてくれたら
僕はすぐに駆けつけるよ
そしたら僕はそこに行くよ

　　I'll be there

そこに行くから

　　You are not alone
　　I am here with you
　　Though you're far 5. away / apart / and away ,
50 　I am here 6. today / to stay / staying

あなたは1人じゃない
私がここにいるでしょ
遠く（　　　　　　　　）けれど
私がここにいるでしょ

　　You are not alone
　　I am here with you
　　Though we're far 7. away / apart / and away
　　　you're always in my 8. h ▢▢▢▢

あなたは1人じゃない
私がここにいるでしょ
遠く（　　　　　　　　）けれど
あなたはいつだって私の（　　　　　）の中

55 (You are not alone) You are not alone
　　(I am here with you) I am here with you
　　(Though you're far away) Though you're far 5. away / apart /
　　　and away
　　(I am here to stay) You and me
60 (You are not alone) You're always in my 8. h ▢▢▢▢
　　(I am here with you)
　　(Though we're far apart)
　　(You're always in my heart)

あなたは1人じゃない
私がここにいるでしょ
遠く（　　　　　　　　）けれど
君と僕
あなたはいつだって私の（　　　　　）の中

Listening Tip

　did you が「ディド・ユー」ではなく「ディジュ」のように発音されることはよく知られていますが、この did のように [d] で終わる単語のすぐ後に you のような [j] の音で始まる語が来ると、2つの音が一緒になって [dʒ]「ジュ」という別の音に変わってしまいます。このように、隣り合った2つの音が互いに影響し合って別の音が生じる音声現象を<u>音の同化</u>と言います。did you はわかっても heard you や hold you は聞き取れないことがありますが、同じ現象なので少しずつ慣れていきましょう。

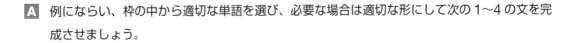

A 例にならい、枠の中から適切な単語を選び、必要な場合は適切な形にして次の 1～4 の文を完成させましょう。

例：She's already (*gone*) home.

| arrive |
| be |
| contact |
| finish |
| go ✓ |

1. My father has (   ) a teacher for 30 years.

2. I've already (   ) Peter, so he'll be here soon.

3. "Why don't we take a break?" "Sure. We've already

    (   ) cleaning the room."

4. My bus hasn't (   ) yet, so I'll be a little late.

B 例にならい、カッコ内から正しい語句を選び○で囲みましょう。

例：((Have) / Did) you heard from Frank?

1. Everyone has worked hard for this concert (since / for) last month.

2. Sarah (lost / has lost) her wallet yesterday.

3. I've known Christina (since / for) five years.

4. When I was a child, I (believed / have believed) in Santa Claus.

C 日本語の意味に合うようにカッコ内の語句を並び替え、英文を完成させましょう。ただし、文の始めにくる単語も小文字にしてあり、1 つ余分な語句が含まれています。

1. 私は彼らと 1 度も話したことがありません。

    (never / them / I've / talk / to / talked).

2. 初めまして。お噂はかねがねうかがっております。

    Nice to meet you. (heard / hear / about / I've / lot / a) you.

3. 長いことお待たせしましたか？

    (have / waiting / been / are / long / you)?

4. あなたはマイケルと知り合ってどれくらいになるのですか？

    (have / known / knew / long / you / how) Michael?

Let's Read! 読解力を高めよう！

次のパッセージを読んで 1〜3 の質問に答えましょう。 2-02

The King of Pop

Michael Jackson surprised the world with his moonwalk, voice, and creative music videos in the 1980s and the 1990s. He is often <u>referred to as</u> the "King of Pop." Do you know when people started using this title?

He was called the "King of Pop" for the first time by actress Elizabeth Taylor, when she presented him with an award in 1989. After that, fans called him by that nickname. He became a "real" king when he visited the "Kingdom of Sanwi" in 1992. The kingdom is now part of the Ivory Coast. They held a special memorial service for him upon his death in 2009.

1. The underlined phrase "referred to as" means "_____."

    (A) similar to

    (B) spoken to by

    (C) called

2. People started to call Michael Jackson the "King of Pop" in _____.

    (A) 1980

    (B) 1989

    (C) 1992

3. Which sentence is true about Michael Jackson?

    (A) He became the "King of Pop" when he visited the Kingdom of Sanwi.

    (B) Elizabeth Taylor was the first to call him the "King of Pop."

    (C) He attended a special memorial service in the Ivory Coast in 2009.

NOTES

Elizabeth Taylor：エリザベス・テイラー　Kingdom of Sanwi：サン王国（1740 年頃できた王国で、1843 年にフランスの保護領となり、1959 年にコートジボワール共和国の一部となった。したがって、1992 年当時、独立国家であったわけではない）　Ivory Coast：コートジボワール共和国　memorial service：追悼式

Part Ⅰ (Photographs)   2-03

(A)～(C) の英文を聞き、写真の描写として最も適切なものを選びましょう。

1.

(A)　(B)　(C)

2.

(A)　(B)　(C)

Part Ⅱ (Question-Response)   2-04

最初に聞こえてくる英文に対する応答として最も適切なものを (A)～(C) の中から選びましょう。

3. (A)　　(B)　　(C)
4. (A)　　(B)　　(C)

Part Ⅲ (Short Conversations)   2-05

会話を聞き、下の英文が会話の内容と合っていれば T (True)、間違っていれば F (False) を ○で囲みましょう。

5. The song was written by Michael Jackson and another singer. 　　T　　F
6. It's been more than 10 years since the singer died. 　　T　　F

Let's Review! しっかり復習しよう！

Quick Response Training

 2-06

1. 日本語の文と同じ意味を表すようにカッコ内に適切な単語を入れて英文を完成させましょう。
2. 日本語の文を見てすぐさま対応する英文が言えるように繰り返し練習しましょう。英文の箇所を隠して練習すると効果的です。
3. 1〜10 までの日本語の文を何秒で英文にして言えるかペアで競い合ってみましょう

Your Time : (　　) seconds

1. （私は）パリに 2 日前に着きました。	1. I arrived in Paris two days (　　　).
2. （私は）月曜日からここに来ています。	2. (　　　) been here since Monday.
3. （私は）パリに来て 3 日になります。	3. I've been in Paris (　　　) three days.
4. 宿題はもう済ませたのですか？	4. (　　　) you finished your homework yet?
5. カナダに行ったことがありますか？	5. (　　　) you ever been to Canada?
6. 彼はゴルフをしたことがあるのですか？	6. (　　　) he ever played golf?
7. （私は）まだ決めていません。	7. I (　　　) decided yet.
8. 母はこの病院に勤めて 20 年になります。	8. My mother (　　　) worked at this hospital for 20 years.
9. 彼とは知り合ってどれくらいですか？	9. How (　　　) have you known him?
10. （私は）もうすでに 30 分も待っているのです。	10. I've (　　　) waiting for 30 minutes already.

Linguaporta Training

授業の復習として、リンガポルタの問題を解いておきましょう。
次回授業の始めに復習テストがあります。

Unit 9

You Gotta Be

Des'ree
I Ain't Movin'

文法 ：比較

　イギリスのシンガーソングライター、デズリー（Des'ree）の代表曲です。"You gotta be"（あなたは～でなくちゃいけないわ）の後に様々な形容詞を続けて、落ち込んでいる人を励まそうとする応援ソングです。その温かいメッセージをしっかり聞き取りましょう。

Warm-up 授業前に確認しておこう！

Vocabulary Preview

1～10 の語句の意味として適切なものを a～j の中から選びましょう。いずれも曲の中で使われるものです。

CD 2-07

1.	bold	_____	a.	解決する
2.	wise	_____	b.	意見、見方
3.	ashamed	_____	c.	（感情など）を発散する、表に出す
4.	calm	_____	d.	落ち着いた
5.	view	_____	e.	～を引き起こす
6.	release	_____	f.	大胆な
7.	cause	_____	g.	気丈な、たくましい
8.	stare	_____	h.	～をじっと見つめる
9.	tough	_____	i.	恥じた
10.	solve	_____	j.	賢い

ビートに乗って 1～10 の語句を発音してみましょう。

Grammar Point：比較

Michael plays the guitar **as well as** a professional.

（マイケルはプロ並みにギターを演奏します）

Who is **more popular**, Michael or Jeff?

（マイケルとジェフではどちらがより人気があるのですか？）

Where's **the nearest** convenience store? （最も近いコンビニはどこですか？）

　形容詞や副詞を使って「～と同じくらい…だ」と2つのものを比較する場合、≪ as ＋形容詞／副詞＋ as ... ≫という形で表します。

また、「～より大きい」や「最も大きい」のように、他と比較しながら話す場合、「大きい」という形容詞の<u>比較級</u>や<u>最上級</u>を使って表現します。比較級や最上級にするには、「1 音節の短い単語は語尾に er（比較級）、est（最上級）をつけ、3 音節以上の長い単語は前に more、most をつける」が基本ですが、2 音節の単語は両方のパターンがあります。また、不規則に変化するものもあります。下の表を完成させながら確認しましょう。

1 音節	2 音節	3 音節
-er		more ～
-est		most ～

		原級	比較級	最上級	
1 音節		bold	bolder	boldest	語尾に er／est をつける（基本パターン）
		wise	wiser	wisest	語尾に r／st をつける（-e で終わる単語）
		sad	*sadder*		子音字を重ねて er／est をつける（〈1 母音字＋ 1 子音字〉で終わる単語）
2 音節		pretty	prettier	prettiest	y を i に変え er／est をつける（〈子音字＋ y〉で終わる単語）
		clever	cleverer	cleverest	語尾に (e)r／(e)st をつける(-er, -le,-ow で終わる単語)
		slowly*	more slowly	most slowly	前に more／most をつける（*-ly で終わる副詞は通常前に more／most をつけるが、early は例外）
3 音節以上		important	more important	most important	
		many	more	most	
		little			不規則な変化をする（例外的な単語）
		good, well			
		bad			

下の例文の日本語訳を完成させながら使い方を確認しましょう。

No student studies <u>as hard as</u> Rachel.
(　　　　　　　　　　　　　　　　　　　　　　)

She's <u>smarter than</u> any other student in the class.
(　　　　　　　　　　　　　　　　　　　　　　)

In fact, my <u>best</u> score in math is <u>lower than</u> her <u>worst</u>.
(　　　　　　　　　　　　　　　　　　　　　　)

Let's Listen! 曲のメッセージを聞き取ろう！

曲を聴き、質問に対する答えとして最も適切なものを（A）～（C）の中から 1 つ選びましょう。

Question : What is the message of this song?

　（A）You depend on me too much. You have to be much stronger.

　（B）I know you're feeling down now, but don't worry. You'll find another love.

　（C）You're strong, so you don't need love. Just be yourself.

Let's Listen Again!
歌詞を細部まで聞き取ろう！

曲をもう1度聴き、1～15の問題のうち、選択肢があるものはその中から適切なものを選び、空欄になっているものはヒントを参考にして当てはまる語句を書き入れましょう。

1　Listen as your day unfolds
　　　　　　　　　　　　姿を現す
　　　　　　　　　　　　　　　　　　1日の始まりに聞いてほしいの

Challenge what the future holds
　　　　　　直訳は「未来が持っているもの」
　　　　　　　　　　　　　　　　　　将来待ち受けているものに立ち向かい

Try and keep your ₁. hand / hair / head up to the sky
　　　　　　　　　　　　　　　　　　いつも上を向いていてほしい
Lovers, they may ₂. c☐☐☐☐ you tears
　　　　　　　　　　　　　　　　　　恋人たちを見ると悲しくなるかもしれない
5　Go ahead release your ₃. bears / fears / tears
　（命令文で）さあ、どうぞ
　　　　　　　　　　　　　　　　　　さあ、（　　　　　　）ならすべて出してしまい

Stand up and be counted
　　　　　　堂々と意見を述べる
　　　　　　　　　　　　　　　　　　自信を持って思ったことを言うのよ

Don't be ashamed ₄. cry / to cry / to crying
　　　　　　　　　　　　　　　　　　（　　　　　　　　　　　　　）
You gotta be…
　　　　　　　　　　　　　　　　　　あなたは…

*You gotta be bad, you gotta be ₅. b☐☐☐,
　　　　　　　（俗）素晴らしい、いかした
　　　　　　　　　　　　　　　　　　イケてなくちゃ　（　　　　　）でなくちゃ
10　you gotta be ₆. w☐☐☐☐
　　　　　　　　　　　　　　　　　　（　　　　　　）なくちゃ
You gotta be ₇. h☐☐☐, you gotta be ₈. t☐☐☐☐,
　　　　　　　　　　　　　　　　　　熱心でなくちゃ、タフでなくちゃ
　you gotta be ₉. s
　　　　　　　　　　　　　　　　　　（　　　　　　）なくちゃ
You gotta be cool, you gotta be calm,
　　　　　　　　　　　　　　　　　　格好よくなくちゃ、（　　　　　）なくちゃ
　you gotta ₁₀. stand / stay / start together
　　　　　　　　　　　　　　　　　　　でも1人のままじゃいけない
15　All I know, all I know, love will save the day
　　　　　　　　　　　　　　勝利をもたらす
　　　　　　　　　　　　　　　　　　私にわかるのは、最後には愛が勝つということ

Herald what your mother ₁₁. say / said / sent
　～を告げる
　　　　　　　　　　　　　　　　　　母親の言葉を人に知らせて

Read the books your father ₁₂. has read / read / led
　　　　　　　　　　　　　　　　　　父親が（　　　　　）本を読み
Try to solve the puzzles in your own sweet time
　　　　　　　　　　　　　　　　　　悩みはゆっくりと解決していけばいいの
Some may have more ₁₃. c☐☐☐ than you
　　　　　　　　　　　　　　　　　　あなたより（　　　　　）の人もいるし
20　Others take a different view
　　　　　　　　　　　　　　　　　　違う考えの人もいるわ
My oh my, heh, hey
　　　　　　　　　　　　　　　　　　そう

*Repeat
　　　　　　　　　　　　　　　　　　* 繰り返し

Time asks ₁₄. question / questions / no questions
　　　　　　　　　　　　　　　　　　時は（　　　　　　　　）
It goes on without you
　　　　　　　　　　　　　　　　　　あなたがいなくても進んでいく
25　leaving you behind if you can't stand the pace
　　　　　　　　　　　　　　　後れを取らないについて行く
　　　　　　　　　　　　　　　　　　ついていけなければ取り残されるだけ

The world <u>keeps on spinning</u>　　　　　　世界は回り続け
　　　　　keep on 〜 ing で「〜し続ける」

Can't stop it, if you try to　　　　　　　止めようとしてもそれは止められない

The best part is danger ₁₅. stares / staring / is staring　　しかも、素晴らしいことに危険が待ち構えている
　you in the face　　　　　　　　　　　　のよ

30　Oh, oh, remember　　　　　　　　　　　でも、覚えておいて

Listen as your day unfolds　　　　　　　　１日の始まりに聞いてほしいの

Challenge what the future holds　　　　　　将来待ち受けているものに立ち向かい

Try and keep your ₁. hand / hair / head up to the sky　いつも上を向いていてほしい

Lovers, they may ₂. c ☐☐☐☐ you tears　　恋人たちを見ると悲しくなるかもしれない

35　Go ahead release your ₃. bears / fears / tears　　さあ、（　　　　）ならすべて出してしまうの

My oh my heh, hey, hey

*Repeat　　　　　　　　　　　　　　　　* 繰り返し

Yeah yeah yeah

*Repeat　　　　　　　　　　　　　　　　* 繰り返し

40　Yeah yeah

Got to be ₅. b ☐☐☐　　　　　　　　　　（　　　　　）でなくちゃ

Got to be bad　　　　　　　　　　　　　イケてなくちゃ

Got to be wise　　　　　　　　　　　　　賢くなくちゃ

Don't ever say　　　　　　　　　　　　　でも、言ってはダメ

45　Got to be hard　　　　　　　　　　　　熱心でなくちゃ

Not too, too hard　　　　　　　　　　　　でも度が過ぎてはダメ

All I know is love will save the day　　　　私にわかるのは、最後には愛が勝つということ

*Repeat and fade　　　　　　　　　　　　* 繰り返し

Listening Tip

//////////////////////////////////////

　great や bad など、[t] や [d] で終わる単語は、文字を見れば簡単なのに聞き取りは難しいことが
あります。特に、句末や文末にきた場合には、[t] や [d] の音がほとんど聞こえなくなりますが、こう
した現象を音の脱落と呼び、[b] [d] [g] [k] [p] [t] などの破裂音が語尾や句末、文末にきた場合によく
起こります。破裂音は、口の中でためた息を「パッ」と破裂させるように出す音ですが、音が完全に
消えてしまうわけではなく、日本語の促音（「ッ」）に似た状態になります。

Grammar 文法に強くなろう！

A 例にならい、空所に下線部の単語の比較級か最上級を入れて次の 1 ～ 4 の文を完成させましょう。

例：Kevin doesn't work <u>hard</u>. I work (*harder*) than him.

1. It isn't very <u>warm</u> today. It was much (　　　　) yesterday.
2. This game is very <u>popular</u>. It's the (　　　　) online game now.
3. Their concert was really <u>bad</u>. It was the (　　　　) concert I've ever seen.
4. My grades were <u>good</u>. They were (　　　　) than in high school.

B 例にならい、カッコ内から正しい語句を選び○で囲みましょう。

例：Michael works ((harder) / hardest) than Kevin.

1. My mother looks (very / much) younger than she is.
2. Nancy is the smartest (in / of) all the students.
3. I prefer watching tennis (than / to) playing it.
4. I'm a (better / best) pianist than my sister.

C 日本語の意味に合うようにカッコ内の語句を並び替え、英文を完成させましょう。ただし、文の始めにくる単語も小文字にしてあり、<u>1 つ余分な語句が含まれています</u>。

1. ピーターは良い選手ですが、チームで一番うまいわけではありません。
   Peter is a good player, but (the / on / best / isn't / worst / he) the team.
2. 私は何よりもこのバンドを愛しているのです。
   I love (more / most / anything / this band / than / else).
3. このギターはあなたが思っているより高価です。
   This guitar is (you / expensive / more / think / than / as).
4. 桜は今が見ごろです。
   This is (time / to / best / better / the / of the year) look at cherry blossoms.

Let's Read! 読解力を高めよう！

次のパッセージを読んで 1〜3 の質問に答えましょう。 2-08

What Does "Gotta" Mean?

When you hear Des'ree's song *You Gotta Be*, you may wonder what "gotta" means. "Gotta" is the short form of "(have) got to," and is spelled the way the phrase is often pronounced in casual speech. "Have got to" and "have to" mean the same thing. For example, "You've gotta be calm" means that it is necessary that you are calm.

In very informal language, "gotta" is sometimes written and spoken without "have," like in the title of Des'ree's song. With or without "have," "gotta" is very casual and should only be used in informal conversations.

1. "Have got to" and "have to" have _____.
    (A) no difference in meaning
    (B) very different meanings
    (C) the same pronunciation

2. "Gotta" is sometimes spoken without "have" in _____ conversations.
    (A) formal
    (B) polite
    (C) casual

3. Which sentence is true about "gotta"?
    (A) It always needs to be used with "have."
    (B) It shouldn't be used in formal speech.
    (C) It is suited to business conversations.

NOTE

pronounce：発音する

Challenge Yourself! リスニング力を試そう！

Part Ⅰ (Photographs)

2-09

(A)～(C) の英文を聞き、写真の描写として最も適切なものを選びましょう。

1.

(A)　(B)　(C)

2.

(A)　(B)　(C)

Part Ⅱ (Question-Response)

 2-10

最初に聞こえてくる英文に対する応答として最も適切なものを (A)～(C) の中から選びましょう。

3. (A)　　(B)　　(C)
4. (A)　　(B)　　(C)

Part Ⅲ (Short Conversations)

 2-11

会話を聞き、下の英文が会話の内容と合っていれば T（True）、間違っていれば F（False）を
○で囲みましょう。

5. The woman likes the song, while the man doesn't.　　　　　　　　T　　F
6. The singer hasn't released any new songs for more than 10 years.　　T　　F

Let's Review! しっかり復習しよう！

Quick Response Training

 2-12

1. 日本語の文と同じ意味を表すようにカッコ内に適切な単語を入れて英文を完成させましょう。
2. 日本語の文を見てすぐさま対応する英文が言えるように繰り返し練習しましょう。英文の箇所を隠して練習すると効果的です。
3. 1〜10 までの日本語の文を何秒で英文にして言えるかペアで競い合ってみましょう。

Your Time : ( ) seconds

1. もう少し早く歩いてもらえませんか？	1. Can you walk a little ( )？
2. もっとゆっくり話していただけませんか？	2. Could you speak ( ) slowly?
3. 父は母よりだいぶ年上です。	3. My father is much ( ) than my mother.
4. 最も近い病院はどこですか？	4. Where's the ( ) hospital?
5. 今、最も人気のある映画は何ですか？	5. What's the ( ) popular movie now?
6. 私は妹より2歳年上です。	6. I'm two ( ) older than my sister.
7. 私はマイケルと同じくらい上手にギターを弾けます。	7. I can play the guitar as well ( ) Michael.
8. 私はあなたほどうまくは歌えません。	8. I can't sing ( ) well as you.
9. 家族の中で母が最も早く起きます。	9. My mother wakes up ( ) in my family.
10. 健康ほど大切なものはありません。	10. Nothing is ( ) important than your health.

Linguaporta Training

授業の復習として、リンガポルタの問題を解いておきましょう。
次回授業の始めに復習テストがあります。

77

Unit 10

How Crazy Are You?

MEJA
my best

文法：分詞

　スタジオジブリの映画主題歌や挿入歌を英語でカバーしたアルバム『アニメイヤ～ジブリ・ソングス～』を発売するなど、日本に縁の深いアーティストであるメイヤ（Meja）のヒット曲です。crazyの意味に注意しながら "How crazy are you?" という歌詞に込められたメッセージを聞き取りましょう。

Warm-up 授業前に確認しておこう！

Vocabulary Preview

1～10 の語句の意味として適切なものを a～j の中から選びましょう。いずれも曲の中で使われるものです。

🎵CD 2-13

1.	avenue	_____	a.	理由
2.	climb	_____	b.	しばらくの間
3.	wonder	_____	c.	間違った、誤った
4.	kind	_____	d.	全体の
5.	reason	_____	e.	種類
6.	whole	_____	f.	～を登る
7.	crazy	_____	g.	信頼する
8.	while	_____	h.	夢中になって、熱中して
9.	trust	_____	i.	～だろうかと思う
10.	wrong	_____	j.	大通り

ビートに乗って 1～10 の語句を発音してみましょう。

Grammar Point：分詞

Who is the girl singing with Beth?

（ベスと一緒に歌っている女の子は誰ですか？）［現在分詞］

The photos taken by Beth are great.

（ベスによって撮影された写真は素晴らしいです）［過去分詞］

　分詞には**現在分詞**と**過去分詞**があり、これらは形容詞として使うことができます。上の例文のように、**現在分詞は「～している」という能動的な意味、過去分詞は「～された」という受動的な意味になります**。形容詞には分詞から派生しているものがあり、感情を表す動詞から派生しているものは使い分けに注意が必要です。例えば、boring と bored はもともと動詞 bore（「（人を）退屈させる」）のそれぞれ現在分詞、過去分詞なので、boring は「（人を）退屈させるような（⇒つまらな

い)」という能動の意味、bored は「退屈させられた（⇒退屈した）」という受動の意味を持ちます。次の表でそうした形容詞の使い方を確認しましょう。

-ing （物や事がどのようなものかを説明する）			-ed （人がどのように感じたかを説明する）		
His songs are	boring.	（退屈な）	I'm	bored.	（退屈している）
	exciting.	（刺激的な）		excited.	（興奮している）
	interesting.	（面白い）		interested.	（興味を持っている）

　また、分詞の用法は下の表のように大きく 2 つに分けられます。例文の日本語訳を完成させながら使い方を確認しましょう。

名詞を修飾する（限定用法）	1 語の場合は名詞の前に置きます。 1. I'd like some **iced** tea, please. （　　　　　　　　　　　　　　　　　　　　　　　　） 他の語句が加わると名詞の後に置きます。 2. The language **spoken in Brazil** is Portuguese. （　　　　　　　　　　　　　　　　　　　　　　　　）
補語となる（叙述用法）	「keep ＋現在分詞」で「〜し続ける」となります。 3. Michael **kept playing** the guitar for two hours. （　　　　　　　　　　　　　　　　　　　　　　　　） 「keep ＋目的語＋補語」で「〈…を〉ずっと〈…の状態に〉しておく」となります。 4. I'm sorry to **keep you waiting** so long. （　　　　　　　　　　　　　　　　　　　　　　　　）

Let's Listen! 曲のメッセージを聞き取ろう！

曲を聴き、質問に対する答えとして最も適切なものを（A）〜（C）の中から 1 つ選びましょう。

Question : What is the message of this song?

　（A）You're so crazy that I don't know what you're thinking. Do you still love me?

　（B）I'm in love with you. I want to know whether you love me or not.

　（C）I know you're in love with me, but I won't go out with a crazy man like you.

Let's Listen Again!
歌詞を細部まで聞き取ろう！

　曲をもう1度聴き、1〜15の問題のうち、選択肢があるものはその中から適切なものを選び、空欄になっているものはヒントを参考にして当てはまる語句を書き入れましょう。

1　How crazy are you?	あなたはどれくらい夢中なの？
Crazy, baby?	夢中なの？
Here I walk down the avenue	（　　　　　）を歩いて
1. look / looked / looking　at the pretty　2. ☐☐☐☐	（　　　　　　　　　）を見ているの
5　Maybe there's a　3. re ☐☐☐☐	その訳は
I've got my　4. e ☐☐☐　on you	あなたに釘付けになってしまったから
= have (have one's e ☐☐☐ on ... で「〜に注目する」)	
There you go like a movie　5. s ☐☐☐	（　　　　　）のように歩くあなた
How I wonder　6. ☐☐☐　you are	あなたは一体誰なの？
Listen, baby, do you believe　7. what I / when I / why I	ねぇ、私がこう言ったら信じてくれる？
10　　say?	
You're the kind of　8. ☐☐☐	「あなたはまさに
walking out of my dreams	夢の世界から飛び出して
straight into my life	私の人生にやってきたひと」
I wanna　9. s ☐☐☐　hallelujah	ハレルヤを（　　　　　）気分なの
15　(I wanna　9. s ☐☐☐　hallelujah)	（ハレルヤを（　　　　　）気分なの）
Ain't nothing in the whole wide world	世界中に何もないわ
[Note] 参照	
I wouldn't do for you	私があなたのためにしないことなんて
I wanna say yes to ya	あなたにYESって言いたいの
= you	
So crazy am I, crazy　10. by / about / but　you	あなたに夢中　とても夢中
20　How crazy are you?	あなたはどうなの？
So crazy am I, crazy　10. by / about / but　you	あなたに夢中　とても夢中
How crazy are you?	あなたはどうなの？
Are you crazy　10. by / about / but　me?	（　　　　　）夢中？
So crazy am I	あなたに夢中
25　Been a while since I felt this　11. st ☐☐☐☐	（　　　　　）感じるのは久しぶり
前に It has が省略されている	
This time it just can't be　12. long / wrong / lord	今度こそ本物
Baby, you're the reason	あなたがその理由なの

I've been 13. wait / waited / **waiting** for so long

I reach out for your hands

30 Hey baby, there's no 14. s ☐☐☐☐ chance

15. t ☐☐☐☐ me, darling

Do you believe 7. what I / when I / why I say?

I climb the rocky mountains

I swim the deepest sea

35 I wanna 9. s ☐☐☐ hallelujah

(I wanna 9. s ☐☐☐ hallelujah)

I said there's nothing that I wouldn't do for you

I wanna say yes to ya

So crazy am I, crazy 10. by / about / but you

40 How crazy are you?

So crazy am I, crazy 10. by / about / but you

How crazy are you?

Are you crazy 10. by / about / but me?

So crazy am I

45 How crazy are you?

So crazy am I, crazy 10. by / about / but you

How crazy are you?

So crazy am I, crazy 10. by / about / but you

How crazy are you?

50 So crazy am I

How crazy are you?

Are you, are you crazy, baby?

私がこんなに長い間 （　　　　　　　）

あなたの手に触れたい

（　　　　　　　　　　　　）

私を （　　　　　　　）

私がこう言ったら信じてくれる？

大きな岩山にだって登ってみせる

（　　　　　　　）だって泳いでみせるわ

ハレルヤって （　　　　　）気分なの

（ハレルヤって （　　　　　）気分なの）

あなたのためにしないことなど何もないって

言ったでしょ

あなたにYESって言いたいの

あなたに夢中　とても夢中

あなたはどうなの？

あなたに夢中　とても夢中

あなたはどうなの？

（　　　　　　　）夢中？

あなたに夢中

あなたはどれくらい夢中なの？

あなたに夢中　とても夢中

あなたはどうなの？

あなたに夢中　とても夢中

あなたはどうなの？

あなたに夢中

あなたはどうなの？

あなたは夢中なの？

NOTE

Ain't nothing... : = There's nothing (in the whole wide world) that I wouldn't do for you.
ain't は am [is, are] not の短縮形で非標準用法。ain't nothing はここでは二重否定（〜でないものはない）ではなく否定を強調しており、「全然ない」という意味。

Listening Tip

　アクセントのない語頭の母音（ぼいん）は、くだけた発話では脱落して聞こえなくなることがあり、例えば、about [əbáut] は、語頭の a がよく聞こえず「ァバウト」のように聞こえます。実際、略式では 'bout と書かれる場合もあります。

Grammar 文法に強くなろう！

A 例にならい、枠の中から適切な単語を選び、現在分詞か過去分詞にして次の 1～4 の文を完成
させましょう。

例：The photos (*taken*) by Lewis are great.

1. I'd like (   ) chicken, please.
2. I have trouble (   ) money.
3. James plays the guitar in a band (   ) Maroon 7.
4. The man (   ) the school bus is my uncle.

```
call
fry
drive
save
take ✓
```

B 例にならい、カッコ内から正しい語句を選び○で囲みましょう。

例：The book is ((interesting) / interested).

1. I have nothing to do today. I'm (boring / bored).
2. I didn't like the concert at all. Actually, it was (boring / bored).
3. We're (exciting / excited) about the trip this weekend.
4. I think New York is a very (exciting / excited) city.

C 日本語の意味に合うようにカッコ内の語句を並び替え、英文を完成させましょう。ただし、
文の始めにくる単語も小文字にしてあり、1 つ余分な語句が含まれています。

1. ベスは私を 1 時間待たせました。

(kept / Beth / waited / waiting / me / for) one hour.

2. 眼鏡をかけている男性が父です。

(wearing / wear / the / is / glasses / man) my father.

3. マイケルは自転車の鍵をかけないままにしておきます。

(bicycle / unlocking / unlocked / Michael / leaves / his).

4. 私は授業の予習で忙しいです。

(preparing / prepare / I'm / a class / busy / for).

Let's Read! 読解力を高めよう！

次のパッセージを読んで 1～3 の質問に答えましょう。　　🎧 2-14

Does Everyone in Sweden Speak English?

Meja is a Swedish singer. She sings *How Crazy Are You?* in English, and sounds like a native speaker of English. So, you may wonder how many people in Sweden speak English like her.

The official language of Sweden is Swedish. It is spoken by the vast majority of about 9.9 million people living in the country. Sweden also has five official minority languages, such as Finnish. English is not one of them; it is a foreign language in Sweden. According to a survey, however, 86 percent of Swedish people can speak English. In fact, Sweden often ranks at the top of the EF English Proficiency Index.

1. Finnish is mentioned as an example of _____ in Sweden.
   (A) official languages
   (B) official minority languages
   (C) foreign languages

2. Research shows that _____ of Swedish people can speak English.
   (A) close to 80 percent
   (B) about two-thirds
   (C) more than four-fifths

3. Which sentence is true about languages spoken in Sweden?
   (A) Swedish is the only official language of Sweden.
   (B) English is one of the official languages of Sweden.
   (C) Swedish is spoken by close to half of the population.

NOTES

minority：少数派　　EF English Proficiency Index：EF 英語能力指数（EF 試験受験者の国別平均値）

Part Ⅰ (Photographs)

🎵 CD 2-15

(A)～(C) の英文を聞き、写真の描写として最も適切なものを選びましょう。

1.

(A)　(B)　(C)

2.

(A)　(B)　(C)

Part Ⅱ (Question-Response)

🎵 CD 2-16

最初に聞こえてくる英文に対する応答として最も適切なものを (A)～(C) の中から選びましょう。

3. (A)　　(B)　　(C)
4. (A)　　(B)　　(C)

Part Ⅲ (Short Conversations)

🎵 CD 2-17

会話を聞き、下の英文が会話の内容と合っていれば T（True）、間違っていれば F（False）を
○で囲みましょう。

5. Meja is British, but now she lives in Sweden. 　　　　　　　T　　F
6. Meja sang all her cover album songs in Japanese. 　　　　　T　　F

Let's Review! しっかり復習しよう！

Quick Response Training

 2-18

1. 日本語の文と同じ意味を表すようにカッコ内に適切な単語を入れて英文を完成させましょう。
2. 日本語の文を見てすぐさま対応する英文が言えるように繰り返し練習しましょう。英文の箇所を隠して練習すると効果的です。
3. 1〜10 までの日本語の文を何秒で英文にして言えるかペアで競い合ってみましょう。

Your Time :（　　　）seconds

1. 彼のスピーチは退屈でした。	1. His speech was (　　　).
2. （あなたは）退屈そうですね。	2. You seem (　　　).
3. 彼は私を退屈な奴だとよく言います。	3. He often says I'm (　　　).
4. アイスティーはいかがですか？	4. Would you like some (　　　) tea?
5. （私は）試験の準備で忙しいです。	5. I'm busy (　　　) for the exam.
6. あそこに立っている男性を知っていますか？	6. Do you know the man (　　　) over there?
7. ショッピングモールへ買い物に行きましょう。	7. Let's go (　　　) at the mall.
8. その男性は 1 時間踊り続けました。	8. The man kept (　　　) for an hour.
9. お待たせしてすみませんでした。	9. I'm sorry to keep you (　　　).
10. 自転車の鍵をかけないままにしておいてはいけません。	10. Don't leave your bicycle (　　　).

Linguaporta Training

授業の復習として、リンガポルタの問題を解いておきましょう。
次回授業の始めに復習テストがあります。

Unit 11

Last Christmas [Pudding Mix]

文法 ： 不定詞

　イギリスのポップデュオ、ワム！（Wham！）の大ヒット曲で、クリスマスソングの定番として長年愛されています。明るい曲調ながら、メッセージ自体にはちょっと悲しいものがあります。去年のクリスマスに一体何があり、今年のクリスマスはどうするつもりなのか、しっかり聞き取りましょう。

Warm-up 授業前に確認しておこう！

Vocabulary Preview

1〜10 の語句の意味として適切なものを a〜j の中から選びましょう。いずれも曲の中で使われるものです。

🎧 CD 2-19

1. hide	＿＿＿＿＿	a. 〜を頼りにする
2. recognize	＿＿＿＿＿	b. 〜だと思う、推測する
3. bite	＿＿＿＿＿	c. お返しとして
4. rely on	＿＿＿＿＿	d. 心、精神
5. in return	＿＿＿＿＿	e. 〜を手放す
6. surprise	＿＿＿＿＿	f. 隠れる
7. twice	＿＿＿＿＿	g. 〜が（誰［何］か）わかる
8. give away	＿＿＿＿＿	h. かみつく
9. soul	＿＿＿＿＿	i. 〜を驚かせる
10. guess	＿＿＿＿＿	j. ２度

ビートに乗って 1〜10 の語句を発音してみましょう。

Grammar Point : 分詞

<u>To live</u> is <u>to learn</u>.　　　　　　　　　（生きるということは学ぶということです）

I'm sorry **to bother** you, but I have a favor **to ask** of you.

（お邪魔して申し訳ないですが、あなたにお願いがあります）

≪ to ＋動詞の原形≫の形を <u>to 不定詞</u>と呼びますが、その用法は下の表のように大きく３つに分けられます。

名詞的用法	〜すること	I'd like **to ask** a favor of you.
副詞的用法	〜するために（目的）	Michael is saving money **to buy** a new guitar.
	〜して（感情の原因）	I'm glad **to hear** that.
形容詞的用法	〜すべき	I've got something **to tell** you.

> 形容詞的用法は名詞のすぐ後ろにきてその名詞を説明します。「話すべき何かを持っている」→「話がある」

また、to 不定詞の前に how などの疑問詞がついてまとまった意味を表す他、enough ... to ～といった慣用表現もあります。例文の日本語訳を完成させながら使い方を確認しましょう。

疑問詞 + to 不定詞	「how + to 不定詞」で「どのように～したらよいのか、～の仕方」となります。 Who taught you **how to play** the guitar? (　　　　　　　　　　　　　　　　　　　　　　　　　　　)
動詞 + 人 + to 不定詞	「want + 人 + to 不定詞」で「～に…してほしい」となります。 I **want you to trust** me. I won't let you down. (　　　　　　　　　　　　　　　　　　　　　　　　　　　)
enough や too を伴う 形容詞 + to 不定詞	「enough + to 不定詞」で「～するには十分なくらい…だ」となります。 Michael was **kind enough to let** me borrow his guitar. (　　　　　　　　　　　　　　　　　　　　　　　　　　　) 「too + to 不定詞」で「～するにはあまりにも…過ぎる」となります。 It's never **too late to learn**. (　　　　　　　　　　　　　　　　　　　　　　　　　　　)

Let's Listen! 曲のメッセージを聞き取ろう！

曲を聴き、質問に対する答えとして最も適切なものを（A）〜（C）の中から１つ選びましょう。

Question : What is the message of this song?

(A) Last Christmas we fell in love. Let's make this year's Christmas a special moment.

(B) Last Christmas we broke up, but it was a mistake. I want to start over with you again.

(C) Last Christmas I gave my love to you, but you didn't want it. I still feel the pain.

Let's Listen Again!
歌詞を細部まで聞き取ろう！

　曲をもう１度聴き、1〜15 の問題のうち、選択肢があるものはその中から適切なものを選び、空欄になっているものはヒントを参考にして当てはまる語句を書き入れましょう。

1　Happy Christmas

　　*Last Christmas I gave you my heart
　　But the very ₁. n ☐☐☐ day
　　　you ₂. give it away / gave it away / gave away
5　This year to save me from ₃. t ☐☐☐☐
　　　I'll ₄. give to / give into / give it to someone special

　　*Repeat

　　<u>Once bitten and twice shy</u>
　　ことわざで「１度かまれたら、２度目は用心深くなる」という意味

　　I keep my distance
10　But you still catch my ₅. ☐☐☐
　　Tell me baby
　　Do you ₆. r ☐☐☐☐☐☐☐ me?
　　Well it's been ₇. near / a year / an ear
　　It ₈. does surprise / doesn't surprise / wasn't surprised
15　me
　　"Happy Christmas"
　　I <u>wrapped it up</u> and ₉. s ☐☐☐ it
　　wrap ... up で「〜を包む」

　　　with a note saying "I love you"
　　I ₁₀. met / meant / mailed it
20　Now I know what a fool I've been
　　But if you kissed me now
　　　I know you'd fool me again

　　*Repeat twice
　　Oh… Oh, baby

25　A crowded ₁₁. r ☐☐☐
　　Friends with tired eyes
　　I'm hiding from you and your ₁₂. soul of / thought on /
　　　sort of ice
　　My God, I thought you were someone to rely on
30　Me? I guess I was a shoulder to ₁₃. cry / crying / cry on

ハッピー・クリスマス

* 去年のクリスマス　君にハートを捧げたのに
けど（　　　　　　）君は
それを放り投げてしまった
今年、（　　　　）はもうゴメンだから
誰か特別な人に捧げるよ

* 繰り返し

１度失敗すると２度目はしり込みして

ずっと距離を置いたまま
でもやはり君に（　　　　　）が行ってしまう
教えてよ
（　　　　　　　　　　）
もう（　　　　）になるんだね
僕に気づいてくれなくても別に（　　　　　　）

「ハッピー・クリスマス」
リボンをかけて（　　　　　　）

「愛している」ってメッセージをつけて
（　　　　　　　　　　）
今じゃなんて愚かだったのかがわかるよ
でも、もし今君にキスされたら
きっとまた騙されてしまうだろう

* 繰り返し（2 回）
ああ、ベイビー

人で一杯の（　　　　）
疲れた目をした友人たち
僕は隠れている
君とその氷のような（　　　　）から
ああ、君を信頼していたのに
僕？　愚痴の聞き役に過ぎなかったんだね

A face on a lover with a 14. fire / file / fine in his heart

A man undercover

直訳は「秘密捜査員」だが、ここでは「本当の気持ちを隠している男」という意味

But you tore me apart

Now I've found a real love

35   you'll never fool me again

        *Repeat twice

(A face on a lover with a 14. fire / file / fine in his heart)

Gave you my heart

40   (A man undercover

But you tore him apart)

Maybe next year (I'll 4. give to / give into / give it to someone)

(I'll 4. give to / give into / give it to someone special)

45 special

Someone, someone

I'll 4. give to / give into / give it to someone)

I'll 4. give to / give into / give it to someone special

      who'll give me something 15. in turn / in return / intern

50 (I'll 4. give to / give into / give it to someone)

   hold my heart and watch it burn

(I'll 4. give to / give into / give it to someone,

      I'll 4. give to / give into / give it to someone special)

I thought you were here to stay

55 How can love be for a day?

I thought you were someone special

Gave you my heart

(I'll 4. give to / give into / give it to someone,

      I'll 4. give to / give into / give it to someone)

60 Last Christmas I gave you my heart

You 2. give it away / gave it away / gave away

(I'll 4. give to / give into / give it to someone,

      I'll 4. give to / give into / give it to someone)

La, la, la….

心に（　　　　）を燃やし、恋をしている男の顔

ずっと思いを隠してきた男

けど君はそんな僕をズタズタにしてしまった

やっと本当の愛が何かわかったから

もう君に騙されはしないよ

＊繰り返し（2回）

（心に（　　　　）を燃やし、恋をしている男の顔）

ハートを捧げたのに

（ずっと思いを隠してきた男

けど君はそんな僕をズタズタにしてしまった）

もしかしたら来年は（誰かに捧げるよ）

（誰か特別な人に）

特別な人に

誰か、誰かに

（誰かに捧げるよ）

誰か特別な人に捧げるよ

（　　　　　　　）僕にも何かを与えてくれる

人に（誰かに捧げるよ）

ハートを受け止め、燃え上がるのを見てくれる人

に（誰かに捧げるよ　誰か特別な人に）

ずっとそばにいてくれると思っていた

愛がたった1日で終わってしまうなんて

君がその特別な人だと思ったのに

だから捧げたのに

（誰かにするよ

他の誰かに）

去年のクリスマス　君にハートを捧げたのに

君は放り投げてしまった

（誰か特別な人に捧げるよ　誰か特別な人に）

ラララ…

Listening Tip

give it to の it to は「イット・トゥー」ではなく「イットゥ」のように聞こえます。このように同じ子音が連続する場合、同じ音が繰り返されるのではなく、前の子音が発音されず、その音が聞こえなくなります。例えば、first time は「ファースト・タイム」ではなく「ファースタイム」のように聞こえます。

A 例にならい、カッコ内に to が必要であれば to を、不要であれば×を書き入れましょう。

例：It's difficult (*to*) make a presentation in English.

1. I'd like (　　　　) a cup of coffee to go.
2. I'd like (　　　　) cancel my reservation.
3. I'd like you (　　　　) come with me.
4. We'll let you (　　　　) know as soon as possible.

B 例にならい、枠の中から適切な単語を選び、to 不定詞の形にして次の 1〜4 の文を完成させましょう。

例：We have a lot of work (*to do*).

do ✓	take
go	reach
watch	

1. Martha looked proud (　　　　) her son's performance.
2. The first player (　　　　) the goal can get a prize.
3. Unfortunately, we have no plans (　　　　) there.
4. Ken decided (　　　　) over his father's business.

C 日本語の意味に合うようにカッコ内の語句を並び替え、英文を完成させましょう。ただし、文の始めにくる単語も小文字にしてあり、<u>1 つ余分な語句が含まれています</u>。

1. 電話してくるなんて珍しいですね。
   (unusual ／ it's ／ you ／ for ／ to calling ／ to call) me.
2. 私に何をしてほしいのですか？
   What (to ／ do ／ me ／ are you ／ want ／ do you)?
3. あなたの将来について考える時間はたっぷりあります。
   (have ／ time ／ you ／ plenty of ／ many ／ to) think about your future.
4. 私はジャネットに英語を教えてもらいたいです。
   I (teach me ／ English ／ Janet ／ to ／ want to ／ want).

Let's Read! 読解力を高めよう！

次のパッセージを読んで 1～3 の質問に答えましょう。 2-20

Christmas Oranges

Decorating the home is a Christmas tradition, and you'll usually find a single orange in Christmas stockings. But why do people give an orange on Christmas morning? According to <u>legend</u>, it all goes back to St. Nicholas, a fourth century bishop with a heart for the poor. One day he learned that a poor father had no money for his daughters' weddings. Feeling sorry for them, he dropped sacks of gold into their stockings, which were set by the fire to dry. Over time, oranges have come to symbolize the sacks of gold and remind people of this first act of holiday gift giving.

1. The underlined word "legend" means "_____."

   (A) a very famous person

   (B) a research project

   (C) an old well-known story

2. St. Nicholas felt sorry for a poor father and his daughters and _____ into their stockings.

   (A) put some gold

   (B) hid some oranges and money

   (C) dropped some oranges

3. Which sentence is true about St. Nicholas?

   (A) He made a lot of money by selling oranges.

   (B) He cared about poor people and tried to help them.

   (C) He thought of an idea of giving an orange on Christmas morning.

NOTES

St. Nicholas：聖ニコラス　bishop：司教　sack：袋　remind A of B：A に B を思い出させる

Challenge Yourself! リスニング力を試そう！

Part Ⅰ (Photographs)

CD 2-21

(A)～(C) の英文を聞き、写真の描写として最も適切なものを選びましょう。

1.

(A)　(B)　(C)

2.

(A)　(B)　(C)

Part Ⅱ (Question-Response)

CD 2-22

最初に聞こえてくる英文に対する応答として最も適切なものを (A)～(C) の中から選びましょう。

3.（A）　　（B）　　（C）

4.（A）　　（B）　　（C）

Part Ⅲ (Short Conversations)

CD 2-23

会話を聞き、下の英文が会話の内容と合っていれば T（True）、間違っていれば F（False）を
○で囲みましょう。

5. The song was released in the late 1980s.　　　　　　　　　T　　F
6. One member of the duo wrote the song by himself.　　　　T　　F

Let's Review! しっかり復習しよう！

Quick Response Training

CD 2-24

1. 日本語の文と同じ意味を表すようにカッコ内に適切な単語を入れて英文を完成させましょう。
2. 日本語の文を見てすぐさま対応する英文が言えるように繰り返し練習しましょう。英文の箇所を隠して練習すると効果的です。
3. 1〜10までの日本語の文を何秒で英文にして言えるかペアで競い合ってみましょう。

Your Time : (　　) seconds

1. 現金で支払いをしたいです。	1. I'd (　　) to pay in cash.
2. 趣味は何ですか？（時間がある時は何をするのが好きですか？）	2. What do you like (　　) do in your free time?
3. それはお気の毒です（私はそれを聞いて残念に思います）。	3. I'm sorry to (　　) that.
4. あなたに見せたいものがあります。	4. I have something to (　　) you.
5. 飲み物はいかがですか？	5. Would you like something to (　　)?
6. 父は私に急ぐように言いました。	6. My father (　　) me to hurry.
7. お手伝いしますよ（私はあなたを手伝うためにここにいます）。	7. I'm here to (　　) you.
8. 学ぶのに遅すぎることはありません。	8. It's never (　　) late to learn.
9. 何と言ったらよいのかわかりません。	9. I don't know (　　) to say.
10. それのやり方を見せてあげましょう。	10. I'll show you (　　) to do it.

Linguaporta Training

授業の復習として、リンガポルタの問題を解いておきましょう。
次回授業の始めに復習テストがあります。

Unit 12

Desperado

文法：関係詞

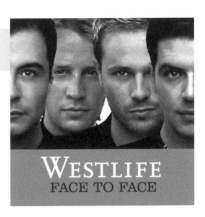

　アメリカのロックバンド、イーグルス（The Eagles）の名曲を人気ボーカルグループ、ウェストライフ（Westlife）がカバーしたものです。この曲は西部開拓時代のギャングをテーマにしたアルバムの曲で、desperado（ならず者）に話しかけるスタイルになっています。作者が伝えようとしているメッセージを聞き取りましょう。

Warm-up 授業前に確認しておこう！

Vocabulary Preview

1～10の語句の意味として適切なものをa～jの中から選びましょう。いずれも曲の中で使われるものです。

🎧 2-25

1. hurt	_____	a.	痛み
2. please	_____	b.	どういうわけか
3. beat	_____	c.	奇妙な、変な
4. draw	_____	d.	～を倒す
5. pain	_____	e.	～を置く
6. hunger	_____	f.	（トランプのカードやくじなど）を引く
7. freedom	_____	g.	～を喜ばせる
8. somehow	_____	h.	～を傷つける
9. lay	_____	i.	空腹、飢え
10. funny	_____	j.	自由

ビートに乗って1～10の語句を発音してみましょう。

Grammar Point：関係詞

I have a friend **who** can sing very well.

（私には歌のとても上手な友人がいます）

I have a friend **whose** mother is a professional dancer.

（私には母親がプロのダンサーである友人がいます）

Did you find the books **that** you wanted?

（欲しがっていた本は見つかりましたか？）

　「歌のとても上手な友人」のように、下線部分と名詞（この場合は「友人」）をつなぐ（関係づける）働きをするのが**関係代名詞**です。関係代名詞で説明される名詞を**先行詞**と呼びますが、その先行詞が人かそうでないかによって関係代名詞は次の表のような使い分けをします。

先行詞	主格	所有格	目的格
人	who/that	whose	who(m)/that
人以外	which/that	whose	which/that

> 目的格の関係代名詞は省略されることもあります。また、口語では that 以外はあまり使われません。

1番目の例文は次の2つの文を1つにしたものと考えればよいでしょう。

A. I have a friend.
B. She can sing very well.

I have a friend **who** can sing very well.

下線部分の a friend と she は同一人物なのでここを関係代名詞でつなぐわけですが、she は元の文の主語なので主格の関係代名詞 who を使います。同様に、3番目の例文は次の2文を1つにしたものです。

A. You wanted some books.
B. Did you find them?

Did you find the books **that** you wanted?

下線部分の some books と them が同一のものなのでここを関係代名詞でつなぎ、them は元の文の目的語なので目的格の関係代名詞 that を使います。下の例文の日本語訳を完成させながら使い方を確認しましょう。

A band is a group of musicians **who** play music together.
(　　　　　　　　　　　　　　　　　　　　　　　　　　　　　　)

A musical instrument is an object **that** is used for playing music, for example, a piano.
(　　　　　　　　　　　　　　　　　　　　　　　　　　　　　　)

Let's Listen! 曲のメッセージを聞き取ろう!

曲を聴き、質問に対する答えとして最も適切なものを (A)〜(C) の中から1つ選びましょう。

Question : What is the message of this song?
　(A) Desperado, you can't keep hiding forever. Go to the police before it's too late.
　(B) Desperado, we can't stay here any longer. Let's go somewhere before it's too late.
　(C) Desperado, you always like to be alone. Open your heart before it's too late.

Let's Listen Again!
歌詞を細部まで聞き取ろう！

曲をもう1度聴き、1〜15の問題のうち、選択肢があるものはその中から適切なものを選び、空欄になっているものはヒントを参考にして当てはまる語句を書き入れましょう。

1　Desperado, why don't you come to your senses?

come to one's senses で「正気に戻る」

ならず者、いい加減目を覚ましたらどうだい？

You've been out ridin' fences for so long now

= riding　[Notes]①参照

自分の殻に閉じこもってばかりじゃないか

Oh, you're a 1. h □□□ one

頑固な奴だな

I know that you got your reasons

君なりの（　　　　　）があるのはわかるけど

5　These things 2. t □□□ are pleasin' you

= pleasing

君を喜ばせているそうしたものが

can 3. heart / hurt / heard you somehow

君を（　　　　　）ことだってあるのさ

Don't you draw the queen of diamonds, boy

= Don't　　　　　　　[Notes]②参照

ダイヤのクイーンは絶対やめとけよ

She'll 4. b □□□ you if she's able

隙があれば　君を傷つけるから

You know the queen of hearts is always your best bet

one's best bet で「最善策」

いつだってハートのクイーンが一番確実さ

10　Now it 5. sees / seems / things to me, some fine things
have been laid upon your 6. t □□□□

（　　　　　）にはいいカードが並んでいるように見えるけど

But you only want the ones that you 7. can / cannot / can't get

君はいつも（　　　　　）ものを求めるんだな

Desperado, oh, you ain't gettin' no younger

= aren't getting

ならず者、君だってもう若くはないんだ

15　Your 8. p □□□ and your hunger, they're drivin' you home

= driving

傷つき腹をすかして家に戻って来る

And freedom, oh freedom well,
that's just some 9. pe □□□□ talkin'

= talking

そして自由、ああ自由か
そんなこと話す奴もいるな

Your <u>prison</u> is <u>walkin'</u> through this world all alone
監獄　　　　= walking

けど、君は檻に閉じこもったまま　この世を1人で生きている

20　Don't your feet get cold in the ₁₀.w□□□□□ time?

（　　　　）になると足が冷たく感じないかい？

The sky won't snow and the sun won't ₁₁.s□□□□

雪も降らなきゃ、日も（　　　　　　）

It's hard to <u>tell the night time from the day</u>
tell A from B で「A と B を区別する」

昼と夜の区別さえ（　　　　）

You're <u>losin'</u> all your <u>highs and lows</u>
= losing　　　　浮き沈み

喜びも悲しみも感じなくなってきているけど

Ain't it funny how the ₁₂.feel / feeling / feelings goes
25　away?

そんな感覚がなくなるなんて変だろう？

Desperado, why don't you come to your senses?

ならず者、いい加減目を覚ましたらどうだい？

Come down from your fences, open ₁₃.the gate / again / all again

柵から下りてきて（　　　　）を開けろよ

It may be <u>rainin'</u>, oh, but there's ₁₄.rain all / a rainbow /
= raining

雨かもかもしれないけど頭上には

30　rainbows above you

（　　　　）が広がっている

You <u>better</u> ₁₅.□□□ somebody love you
= had better

誰かに愛してもらうんだ

(₁₅.□□□ somebody love you)

Oh, you better ₁₅.□□□ somebody love you before it's too late

誰かに愛してもらうんだ　手遅れになる前に

NOTES

① ride fences：カウボーイが馬に乗って農場の柵が壊れていないか確認してまわることを指す。この曲は西部開拓時代の実在のギャング（ドゥーリン＝ダルトン・ギャング）をテーマにしたコンセプト・アルバム内の1曲なので、「ならず者」（desperado）というタイトルと共に、こうした表現が使われている。ride fences は通常1人で行う作業であり、ここでは主人公がいつも孤独で、周りと打ち解けようとしないことを指していると思われる。曲の後半にある「柵から下りてきて門を開けろよ」や「誰かに愛してもらうんだ」という歌詞からもそのことが伺える。

② the queen of diamonds：トランプの「ダイヤのクイーン」のことだが、ダイヤマークは「商人」を表し、お金をイメージさせるのに対し、ハートマークは「僧侶」を表し、魂や愛をイメージさせる。トランプのカードに例えながら「お金より愛の方が大切だ」というメッセージを伝えようとしているのだろう。

Listening Tip

　アメリカ英語では、単語の中で [nt] が母音に挟まれると、[t] の音が [n] の影響を受けて聞こえにくくなることがあります。例えば、Internet は「イナァネット」[íntərnet]、wanted は「ウォニット」[wánit] のように聞こえます。「ウィナー」と聞こえるので、winner かと思ったら正しくは winter だったということもあります。

Grammar 文法に強くなろう！

A 次の文の空所に補うのに適切な関係代名詞をカッコ内から選び○で囲みましょう。

1. Robots can go into burning buildings (who / whose / that) are unsafe for people.

2. Chicago is the city (who / where / that) I visited when I was 15.

3. People (who / whose / which) own cats think that they are friendly and loving pets.

4. I can't believe (what / which / that) I've just heard.

B 例にならい、関係詞節を用いて 2 つの文を 1 つにまとめましょう。出だしが書いてあるものは それに続く形で文を作りましょう。

例 : Jack gave me a picture. I've lost it.

　　I've lost the picture (that) Jack gave me.

1. You cooked a meal. It was delicious.

   The meal _____

2. Donna is talking to a man. Do you know him?

   Do you know the man _____

3. I have a friend. His parents are both doctors.

   I have a friend _____

4. Dave was wearing a jacket. It was too big for him.

   Dave was wearing a jacket _____

C 日本語の意味に合うようにカッコ内の語句を並び替え、英文を完成させましょう。ただし、 文の始めにくる単語も小文字にしてあり、<u>1 つ余分な語句が含まれています</u>。

1. ドラムを演奏できる人を誰か知っていますか？

   Do you know (can / which / anybody / the drums / who / play)?

2. 私たちの泊まったホテルは駅の近くでした。

   (our / at / we / was / stayed / the hotel) near the station.

3. ジョンの言い分にも一理あります。

   There's (which / John / what / said / some truth / in).

4. あなたのために何かできることはありますか？

   (do / I can / are / is / there / anything) for you?

98

Let's Read! 読解力を高めよう！

次のパッセージを読んで 1～3 の質問に答えましょう。 2-26

Ireland

Westlife is a very successful Irish pop vocal group. How much do you know about the country they are from: Ireland?

Ireland is a European country on the island of Ireland. The country is sometimes called the Republic of Ireland, since there are two countries on the island: The Republic of Ireland and Northern Ireland. The Republic of Ireland covers about five-sixths of the island, while Northern Ireland covers the other sixth and is part of the United Kingdom. Ireland has two official languages: Irish and English. English is the main language spoken, but Irish is the first official language. The Republic's capital is Dublin, and Westlife was formed in this city.

1. The island of Ireland _____.

   (A) is sometimes called the Republic of Northern Ireland

   (B) consists of two countries

   (C) is part of the United Kingdom

2. Northern Ireland covers about _____ of the island of Ireland.

   (A) one-fourth

   (B) one-fifth

   (C) one-sixth

3. Which sentence is true about the Republic of Ireland?

   (A) The main government of the country is located
       in Dublin.

   (B) English is the first official language of the country.

   (C) It has more than two official languages.

Dublin：ダブリン　capital：首都

Part I (Photographs)

🎧 CD 2-27

(A)〜(C) の英文を聞き、写真の描写として最も適切なものを選びましょう。

1.

(A)　(B)　(C)

2.

(A)　(B)　(C)

Part II (Question-Response)

🎧 CD 2-28

最初に聞こえてくる英文に対する応答として最も適切なものを (A)〜(C) の中から選びましょう。

3. (A)　(B)　(C)

4. (A)　(B)　(C)

Part III (Short Conversations)

🎧 CD 2-29

会話を聞き、下の英文が会話の内容と合っていれば T（True）、間違っていれば F（False）を
○で囲みましょう。

5. Westlife is a British group. 　　　　T　　F

6. There were five members when the group was formed. 　　T　　F

Let's Review! しっかり復習しよう！

Quick Response Training

 2-30

1. 日本語の文と同じ意味を表すようにカッコ内に適切な単語を入れて英文を完成させましょう。
2. 日本語の文を見てすぐさま対応する英文が言えるように繰り返し練習しましょう。英文の箇所を隠して練習すると効果的です。
3. 1～10までの日本語の文を何秒で英文にして言えるかペアで競い合ってみましょう。

Your Time : ( ) **seconds**

1. 英語を教えてくれる人が必要です。	1. I need someone <u>who</u>*1 can ( ) me English.
2. 私にはパソコンに詳しい友人がいます。	2. I have a friend ( ) knows a lot about computers.
3. 私たちは築100年のホテルに泊まりました。	3. We stayed at a hotel <u>that</u>*2 was 100 years ( ).
4. 私には父親が有名な作家である友人がいます。	4. I have a friend ( ) father is a famous writer.
5. こちらがパソコンを盗まれた男性の方です。	5. This is the man ( ) computer has been stolen.
6. あなたが欲しがっていた情報は見つかりましたか？	6. Did you find the ( ) (that)*3 you wanted?
7. あなたにお話ししないといけないことがあります。	7. There is something (that) I have ( ) tell you.
8. 何か私にできることがありますか？	8. Is ( ) anything (that) I can do?
9. これは私が今までに見た中で最高の映画です。	9. This is the best movie (that) I've ( ) seen.
10. 私は彼の言ったことを信じません。	10. I don't believe ( ) he said.

NOTES

1. 先行詞が人で主格の場合、that も可能ですが、who を使うのが一般的です。
2. 先行詞が人以外で主格の場合、which も可能ですが that を使うのが一般的です。
3. 先行詞が目的格の場合、省略することが多いですが、使うとすれば先行詞が人かどうかに関わらず that を使うのが一般的です。

Linguaporta Training

授業の復習として、リンガポルタの問題を解いておきましょう。
次回授業の始めに復習テストがあります。

Unit 13

All I Want For Christmas Is You

文法：接続詞・前置詞

クリスマスソングの定番として毎年クリスマスシーズンに繰り返し流されるアメリカの歌姫マライア・キャリー（Mariah Carey）の大ヒット曲です。歌詞にはクリスマスにちなんだ伝統的な習慣がいろいろ出てきますので、"All I want for Christmas is you" というストレートなメッセージと共に聞き取りましょう。

Warm-up　授業前に確認しておこう！

Vocabulary Preview

1～10 の語句の意味として適切なものを a～j の中から選びましょう。いずれも曲の中で使われるものです。

CD 2-31

1.	come true	＿＿＿＿	a.	願い、願う
2.	underneath	＿＿＿＿	b.	～を求める
3.	wish	＿＿＿＿	c.	おもちゃ
4.	hang	＿＿＿＿	d.	笑い、笑い声
5.	toy	＿＿＿＿	e.	明るく
6.	stay awake	＿＿＿＿	f.	～を吊るす、～をかける
7.	tight	＿＿＿＿	g.	～の下に
8.	ask for	＿＿＿＿	h.	目を覚ましている、起きている
9.	brightly	＿＿＿＿	i.	しっかりと、きつく
10.	laughter	＿＿＿＿	j.	実現する

ビートに乗って 1～10 の語句を発音してみましょう。

Grammar Point：接続詞・前置詞

<u>Every time</u> I hear his song, I get so excited.

（彼の歌を聴くといつも私はとてもワクワクします）

You can stay here **as long as** you like.

（好きなだけここにいていいですよ）

The coin rolled **underneath** the piano.

（コインがピアノの下を転がりました）

接続詞は様々な語や句、節などを結びつける役割を果たすものです。and や if のようによく知られたものの他、every time（～する度に）や as long as（～である限りは）などのように 2 語以上で接続詞的に使われるものもあります。次の表に枠の中から適切な接続詞を書き入れて確認しましょう。

after	～した後で	before	～する前に		～しなければ
or	または	because	～なので		～だけれども
so	それで	when	～する時		～したらすぐに
	～の間		～するまで		～の場合は

after ✓	while
although	until
in case	unless
as soon as	

　次に、<u>前置詞</u>は、<u>in</u> January や <u>on</u> the table のように、名詞や名詞句の前に置かれ、形容詞や副詞の役割を果たすものです。前置詞と名詞が一緒になったものを<u>前置詞句</u>と呼びます。

　接続詞と前置詞では、while と during、because と because of など、意味の似たものがありますので違いを確認しておきましょう。接続詞と前置詞を見分けるポイントは次の通りです。

接続詞	その後に主語と動詞を含む語句（＝<u>節</u>）が続く。 ex.) I want to visit the British Museum <u>while</u> I am in London.
前置詞	その後に主語と動詞を含まない語句（＝<u>句</u>）が続く。 ex.) I want to visit the British Museum <u>during</u> my stay in London.

　下の例文の日本語訳を完成させながら使い方を確認しましょう。

Did you dump Michael <u>just because</u> he forgot your birthday?
(　　　　　　　　　　　　　　　　　　　　　　　　)
Our concert was canceled <u>because of</u> the typhoon.
(　　　　　　　　　　　　　　　　　　　　　　　　)

Let's Listen! 曲のメッセージを聞き取ろう！

　曲を聴き、質問に対する答えとして最も適切なものを（A）～（C）の中から１つ選びましょう。

Question : What is the message of this song?
　　（A）I want to spend this Christmas with you. That's my only wish.
　　（B）Christmas Day is very special to me, because I fell in love with you on that day.
　　（C）Santa Claus makes me happy with a toy on Christmas Day. I want to see him.

Let's Listen Again!
歌詞を細部まで聞き取ろう！

曲をもう１度聴き、1〜15 の問題のうち、選択肢があるものはその中から適切なものを選び、空欄になっているものはヒントを参考にして当てはまる語句を書き入れましょう。

1　　I don't ₁. w □□□ a lot for Christmas
There is just one ₂. t □□□□ I need
I don't ₃. c □□□ about the presents
　　underneath the Christmas ₄. □□□□
5　　I just want ₅. □□□ for my own
　　more than you could ₆. never know / ever know / ever
　　known
Make my ₇. □□□□ come true
All I want for Christmas is you

私はクリスマスに（　　　　　　　　）
欲しいのは1つだけ
クリスマス（　　　　　　）の下に置いてあ
るプレゼントなんて（　　　　　　）
私はただ（　　　　　　　　）
あなたが（　　　　　　）以上に

どうかわたしの（　　　　　）を叶えてください
私がクリスマスに望むのはあなただけ

10　　I don't ₁. w □□□ a lot for Christmas
There is just one ₂. t □□□□ I need
Don't ₃. c □□□ about the presents
前に主語の I が省略されている
　　underneath the Christmas ₄. □□□□
I don't need to ₈. hand / have / hang my stocking
15　　there upon the ₉. fireplace / fire and place / fire play
Santa Claus won't make me happy
　　with a toy on Christmas Day
I just want ₅. □□□ for my own
more than you could ₆. never know / ever know / ever
20　　known
Make my ₇. □□□□ come true
All I want for Christmas is you
You baby

私はクリスマスに（　　　　　　　　）
欲しいのは1つだけ
クリスマス（　　　　　　）の下に置いてあ
るプレゼントなんて（　　　　　　）
（　　　　　）の上に（　　　　　）
なんて吊るす必要はない
サンタはクリスマスの日にオモチャでは私を喜
ばせられないわ
私はただ（　　　　　　　　）
あなたが（　　　　　　）以上に

どうかわたしの（　　　　　）を叶えてください
私がクリスマスに望むのはあなただけ
ベイビー

　　I ₁₀. want / won't / want to ask for much this
25　　Christmas
　　I ₁₀. want / won't / want to even wish for snow
I'm just gonna keep on waiting
　　underneath the mistletoe
ヤドリギ [Notes] ①参照

　　I ₁₀. want / won't / want to make a list and ₁₁. sending /
30　　send it / sent it to the North Pole for Saint Nick
北極　　聖ニコラス [Notes] ②参照

このクリスマスに多くを（　　　　　　）
雪が降ってほしいと（　　　　　　）
わたしはただ待ち続けるの
ヤドリギの下で

北極のサンタさんにプレゼントリストを作って
（　　　　　　　　　）

I ₁₀.want / won't / want to even stay awake
to hear those magic reindeer click
魔法のトナカイ

'Cause I just want you here tonight
holding on to me so ₁₂.t ☐☐☐☐

35 What more can I do?
Baby, all I want for Christmas is you

All the lights are shining so brightly everywhere
And the sound of children's ₁₃.laugh / laughs / laughter
fills the air
40 And everyone is singing
I hear those sleigh bells ringing
そりの鈴

Santa, won't you bring me the one I really need?
Won't you please bring my baby to me?

Oh, I don't ₁.w ☐☐☐ a lot for Christmas
45 This is all ₁₄.I asked / I'm asking / I've asked for
I just ₁₅.wanna / wanted / won't see my baby
standing right outside my door
Oh, I just want ₅.☐☐☐ for my own
more than you could ₆.never know / ever know / ever
known
50 Make my ₇.☐☐☐☐ come true
Baby, all I want for Christmas is you
All I want for Christmas is you

寝ずにトナカイのひづめの音を
(　　　　　　　)

だって今夜はあなたに（　　　　）抱きしめ
ていてほしいの

他に何ができるかしら？

私がクリスマスに望むのはあなただけ

至る所で明かりはキラキラと輝いているわ

子供たちの（　　　　　）が空気を満たして
いるわ

みんな歌っている

そりの鈴の音も聞こえる

サンタさん、私が本当に必要とする人を連れてき
てくれませんか？　彼を私の元に連れてきてく
ださい

私はクリスマスに（　　　　　　　）

私が（　　　　　　）のはこれだけ

私はあなたがドアのすぐそばに立っているのを
（　　　　　　　）

私はただ（　　　　　　　　）

あなたが（　　　　）以上に

どうかわたしの（　　　　）を叶えてください

クリスマスの私の望みはあなただけ

ただあなただけ

NOTES

① mistletoe：ヤドリギ。欧米では、ヤドリギの下ではキスをしてもよいという古くからの言い伝えがある。
② Saint Nick：サンタクロースのモデルとなった Saint Nicholas（聖ニコラス）のことで、ここではサンタクロースのことを指している。Nick は Nicholas のニックネーム。

Listening Tip

　39 行目にある fills the air の the をつい「ザ」[ðə] と言ってしまうかもしれませんが、母音で始まる単語の前にある the は「ジ」[ði] と発音します。（ただし、unit のように、母音字 u で始まっていても実際の発音が母音で始まらない場合は「ザ」と発音します。）このように複数の発音がある単語は聞き取りに注意しましょう。

A 例にならい、枠の中から適切な単語を選んで次の 1〜4 の文を完成させましょう。

例：Hurry up, (*or*) you'll be late.

```
although
if
or ✓
so
until
```

1. I wonder (　　　　) Beth will really come.

2. (　　　　) the sun was shining, it wasn't very warm.

3. I'll wait here (　　　) you get back.

4. I may be late, (　　　) don't wait for me.

B 例にならい、カッコ内から正しい語句を選び○で囲みましょう。

例：The concert starts (at / on) seven o'clock.

1. My father reads the newspaper (during / while) waiting for the train.

2. I stayed up (by / until) two a.m., so I'm very sleepy now.

3. Jack had to quit his job (because / because of) ill health.

4. Let's go shopping (at / to) the mall.

C 日本語の意味に合うようにカッコ内の語句を並び替え、英文を完成させましょう。ただし、文の始めにくる単語も小文字にしてあり、1 つ余分な語句が含まれています。

1. そのお店が開いているかどうか確かめられますか？

   Can you (check / the store / open / while / is / if)?

2. 学校が終わり次第そこに行きます。

   We'll get (as long as / over / is / school / as soon as / there).

3. 困ったことに私たちには十分な時間がありません。

   (we / is / don't / if / that / the trouble) have enough time.

4. 私は今朝から何も食べていません。

   (eaten / since / I / for / anything / haven't) this morning.

Let's Read! 読解力を高めよう！

次のパッセージを読んで 1〜3 の質問に答えましょう。 2-32

Why Kiss Under the Mistletoe?

In her song, Mariah Carey sings of familiar symbols of Christmas, such as presents under the tree, reindeer, and mistletoe. Take mistletoe, for example. A lot of people hang a piece of mistletoe in their house during the holiday season. According to a custom during Christmas, if you meet someone underneath it, you may get a kiss, or people around you may tell you to give that person a kiss. When did this custom begin? It dates back to an ancient Scandinavian tale. In the tale, mistletoe is portrayed as a plant of love and friendship, and people kissed under it as a gesture of this.

1. According to the passage, many people _____ during Christmas.

   (A) give a piece of mistletoe to their loved ones

   (B) decorate their house with a piece of mistletoe

   (C) put presents under a piece of mistletoe

2. If you meet someone under the mistletoe during Christmas, you may _____.

   (A) get a kiss from that person

   (B) get a kiss from people around you

   (C) be asked to kiss all the people around you

3. Which sentence is true about mistletoe?

   (A) Mariah Carey's song created the custom of "kiss under the mistletoe."

   (B) An old Scandinavian king ordered his people to kiss under the mistletoe.

   (C) An old Scandinavian story tells us that it is a plant of love and friendship.

NOTES

date back to：〜に遡る　Scandinavian：スカンジナビアの　portray：〜を描く

Part Ⅰ (Photographs)

CD 2-33

(A)〜(C) の英文を聞いて写真の描写として最も適切なものを選びましょう。

1.

(A)　(B)　(C)

2.

(A)　(B)　(C)

Part Ⅱ (Question-Response)

CD 2-34

最初に聞こえてくる英文に対する応答として最も適切なものを (A)〜(C) の中から選びましょう。

3. (A)　(B)　(C)
4. (A)　(B)　(C)

Part Ⅲ (Short Conversations)

CD 2-35

会話を聞き、下の英文が会話の内容と合っていれば T (True)、間違っていれば F (False) を○で囲みましょう。

5. Mariah Carey wrote the song with someone else.　　　　T　　F
6. There is a duet cover version of the song.　　　　T　　F

Let's Review! しっかり復習しよう！

Quick Response Training

 2-36

1. 日本語の文と同じ意味を表すようにカッコ内に適切な単語を入れて英文を完成させましょう。
2. 日本語の文を見てすぐさま対応する英文が言えるように繰り返し練習しましょう。英文の箇所を隠して練習すると効果的です。
3. 1～10までの日本語の文を何秒で英文にして言えるかペアで競い合ってみましょう。

Your Time : ( ) **seconds**

1. （私は）7時までには帰宅します。	1. I'll be home (　　　) seven.
2. （私は）7時まで自宅にいます。	2. I'll be home (　　　) seven.
3. （私は）朝早く家を出ました。	3. I left home early (　　　) the morning.
4. 彼は金曜日の朝、帰ってきました。	4. He came back (　　　) Friday morning.
5. 彼は食事の間しゃべりませんでした。	5. He didn't speak (　　　) the meal.
6. 彼は食事をしている間、眠そうでした。	6. He looked sleepy (　　　) (he was) eating.
7. 両親は結婚して25年になります。	7. My parents have been married (　　　) 25 years.
8. （私は）あなたが戻って来るまでここにいます。	8. I'll be here (　　　) you come back.
9. あなたが出かけている間、彼から電話がありました。	9. He called (　　　) you were out.
10. 急いでください。さもないと、（あなたは）電車に乗り遅れますよ。	10. Hurry up, (　　　) you'll miss the train.

Linguaporta Training

授業の復習として、リンガポルタの問題を解いておきましょう。
次回授業の始めに復習テストがあります。

Unit 14

Sunday Morning

文法：動名詞

　アメリカの人気ロックグループ、マルーン 5（Maroon 5）のヒット曲で、日本でもテレビ CM に使われよく流れました。この曲で歌われる "Sunday Morning" とは一体どんな時間なのかイメージしながらメッセージを聞き取りましょう。

Warm-up 授業前に確認しておこう！

Vocabulary Preview

1〜10 の語句の意味として適切なものを a〜j の中から選びましょう。いずれも曲の中で使われるものです。

CD 2-37

1. branch　　　＿＿＿＿
2. cloud　　　＿＿＿＿
3. outline　　　＿＿＿＿
4. lead　　　＿＿＿＿
5. unforgettable　＿＿＿＿
6. twist　　　＿＿＿＿
7. gladly　　　＿＿＿＿
8. skin　　　＿＿＿＿
9. darkness　　＿＿＿＿
10. weather　　＿＿＿＿

a. 輪郭
b. 暗闇
c. 身をよじる、体をくねらす
d. 喜んで、進んで
e. 枝
f. 皮膚、肌
g. 天気
h. 雲
i. 忘れられない
j. （道などが）連れていく

ビートに乗って 1〜10 の語句を発音してみましょう。

Grammar Point：動名詞

<u>Traveling</u> with friends is a lot of fun.
　　　　　　　（友人と旅行するのはとても楽しいものです）［主語になる］
My hobbies are <u>**windsurfing**</u> and <u>**playing**</u> the guitar.
　　　　　　　（私の趣味はウィンドサーフィンとギターです）［補語になる］
My father finally stopped <u>**smoking**</u>.
　　　　　　　（父はようやく煙草を止めました）［動詞の目的語になる］
Thank you for <u>**inviting**</u> me.
　　　　　　　（お招きいただきありがとうございます）［前置詞の目的語になる］

　動詞の ing 形は現在分詞として進行形で使われますが、「〜すること」のように動詞を名詞化する場合にも使われ、これを**動名詞**と言います。動詞が名詞の働きをするものには to 不定詞もありますが、4 番目の例文のように前置詞の後には to 不定詞ではなく必ず動名詞を使います。この他にも動名詞と to 不定詞には注意すべき用法がありますので、次の表で確認しましょう。

必ず動名詞を目的語とする動詞	enjoy, finish, mind, stop, suggest, etc.
必ず to 不定詞を目的語とする動詞	expect, hope, learn, mean, want, etc.
どちらも目的語とする動詞	begin, like, love, start, etc.
動名詞か to 不定詞かで意味が異なる動詞	forget, remember, try, regret etc. 動名詞は「すでに起きたこと」、to 不定詞は「これから先のこと」と覚えておくとよいでしょう。 ex.) I <u>remember seeing</u> her somewhere. 　　　　　　　　　　（～したことを覚えている） <u>Remember to</u> take out the garbage tomorrow. 　　　　　（～することを覚えている⇒忘れずに～する）

また、下の表に挙げる表現では動名詞がよく使われます。

be used to ...	～に慣れている
feel like ...	～したい気がする
look forward to ...	～するのを楽しみに待つ
Would you mind ... ?	～していただけませんか？

下の例文の日本語訳を完成させながら使い方を確認しましょう。

I feel like <u>eating</u> out tonight. How about <u>going</u> out for dinner?
(　　　　　　　　　　　　　　　　　　　　　　　　　)
I'm looking forward to <u>hearing</u> from you soon.
(　　　　　　　　　　　　　　　　　　　　　　　　　)
Would you mind <u>speaking</u> more slowly?
(　　　　　　　　　　　　　　　　　　　　　　　　　)

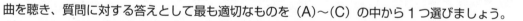

Let's Listen! 曲のメッセージを聞き取ろう！

曲を聴き、質問に対する答えとして最も適切なものを（A）～（C）の中から 1 つ選びましょう。

Question : What is the message of this song?

(A) It's Sunday today. Let's go somewhere else.

(B) I want to be with you like this forever.

(C) I miss you. I want to see you right away.

Let's Listen Again!
歌詞を細部まで聞き取ろう！

SUNDAY MORNING
Words & Music by Jesse Carmichael, Ryan Dusick, Adam Levine, Mickey
Madden and James B. Valentine
© Copyright by FEBRUARY TWENTY SECOND MUSIC / UNIVERSAL MUSIC
CAREERS / VALENTINE VALENTINE / UNIVERSAL MUSIC MGB SONGS
All Rights Reserved. International Copyright Secured.
Print rights for Japan controlled by Shinko Music Entertainment Co., Ltd.

曲をもう１度聴き、1〜15 の問題のうち、選択肢があるものはその中から適切なものを選び、空欄になっているものはヒントを参考にして当てはまる語句を書き入れましょう。

1　Sunday morning, rain ₁. has fallen / is fallen / is falling — 日曜の朝　外は雨

Steal some covers, share some skin (You like that) — 毛布は取りさって温もりを分かち合おう
こっそり取る

Clouds are shrouding us in moments unforgettable — 雲が2人を包んでいる忘れられない瞬間
覆っている

You twist to fit the mold that I am in — 君は体をよじらせて僕にくっついてくる
ぴったり合う、型にはまる

5　But things just get so ₂. c□□□□ , — けど物事はうまくいかなくて

₃. leading / living / leaving life gets hard to do — 生きづらくなっていく
(Life is hard)
And I would ₄. g□□□□□ hit the road, — 喜んで起きて出かけていくだろうな
出かける

get up and go if I ₅. k□□□ — もし（　　　）

10　that ₆. Sunday / someday / sad day it would ₇. live / leave / lead me back to you — （　　　）君のもとに戻れるって

that ₆. Sunday / someday / sad day it would ₇. live / leave / lead me back to you (₆. Sunday / someday / sad day) — （　　　）君のもとに戻れるって

15　That may be all I need — それだけでいいのかもしれない
In darkness, she is all I see — 暗闇の中　彼女しか見えない
Come and rest your bones with me — おいで　一緒に骨休めをしよう
rest one's bones で「骨休めをする」

₈. Drive / Driving / Diving slow on Sunday morning — 日曜の朝　ゆっくり（　　　）ながら
= slowly

And I never ₉. won't / want to / want leave — ずっとこのままでいたい

20　Fingers trace your every ₁₀. o□□□□□□ — 君の（　　　）を指でなぞって
なぞる

Paint a picture with my hands — 手で絵を描いてみる
Back and forth we sway like branches in a ₁₁. stone / — 後ろに前に僕らは揺れる／まるで（　　　）の中の枝のように
前後に、あちこちに　揺れる

storm / store — （　　　）が変わっても

112

Change the 12. whether / weather / feather ,

25 still together when it ends

That may be all I need (All I need)

In darkness, she is all I see

Come and rest your bones with me

8. Drive / Driving / Diving slow on Sunday morning

30 And I never 9. won't / want to / want leave

(Yeah, Oh yeah)

But things just get so 2. c ☐☐☐☐ ,

3. leading / living / leaving life gets hard to do

(Life gets hard)

35 Sunday morning, rain 1. has fallen / is fallen / is falling

and I'm 13. coming / cutting / calling out to you

14. Singing / Seeing / Sitting someday it will bring me

back to you (Yeah)

Find a way to 15. b ☐☐☐☐ myself back home to you

40 May not know

前に you が省略されている

that may be all I need (All I need)

In darkness, she is all I see (You're all I see)

Come and rest your bones with me

8. Drive / Driving / Diving slow on Sunday morning

45 8. Drive / Driving / Diving slow (Yeah yeah, Yeah yeah,

Yeah yeah, Yeah yeah, Yeah yeah, Yeah yeah,)

There's a flower in your hair

I'm a flower in your hair (Yeah yeah)

気が済むまで一緒にこうしていよう

それだけでいいのかもしれない

暗闇の中　彼女しか見えない

おいで　一緒に骨休めをしよう

日曜の朝　ゆっくり（　　　　　）ながら

ずっとこのままでいたい

けど物事はうまくいかなくて

生きづらくなっていく

日曜の朝　外は雨

僕は君を（　　　　　）

（　　　　）君のもとに戻れると（　　　　）

いながら

君のもとに戻れる道を見つけよう

君は知らないかもしれないけど

それだけでいいのかもしれない

暗闇の中　彼女しか見えない

おいで　一緒に骨休めをしよう

日曜の朝　ゆっくり（　　　　）ながら

ゆっくり（　　　　）ながら

君の髪に花だよ

僕は君の髪の花さ

Listening Tip

　単語の最後にくる l [l] は、つづり字からつい「ル」に近い音を予想しますが、実際には「ゥ」のように聞こえます。例えば、"That may be all I need" という歌詞の all [ɔːl] は、「オール」ではなく、むしろ「オーゥ」のように聞こえます。同じく、well [wél] も「ウェル」ではなく「ウェゥ」のような感じです。I'll もつい「アイル」と発音しがちですが、「アィゥ」が実際の発音に近いものです。

Grammar 文法に強くなろう！

A 例にならい、枠の中から適切な単語を選び、動名詞か to 不定詞にして次の 1〜4 の文を完成させましょう。

例： I'm sorry for (*being*) late.

1. Have you finished (　　　　) the dishes?
2. Meg was too afraid (　　　　) the truth.
3. Beth is good at (　　　　) the piano.
4. What do you do (　　　　) healthy?

```
be ✓
play
stay
tell
wash
```

B 例にならい、カッコ内から正しい語句を選び○で囲みましょう。

例： Thank you for (to call / calling).

1. I enjoy (to post / posting) photos on Instagram.
2. I hope (to see / seeing) you around.
3. We didn't mean (to hurt / hurting) your feelings.
4. We have practiced (to dance / dancing) for three months.

C 日本語の意味に合うようにカッコ内の語句を並び替え、英文を完成させましょう。ただし、文の始めにくる単語も小文字にしてあり、1 つ余分な語句が含まれています。

1. 忘れずにその本を図書館に返却してください。

   (book / the / to / to return / returning / remember) the library.
2. 音楽の音量を下げてもらえませんか？

   (you / to turn / would / turning / mind / down) the music?
3. 私は人前で話をするのに慣れていません。

   (I'm / to / not / speak / speaking / used) in front of people.
4. 何か飲み物をお持ちしましょうか？

   Can I (get / to / anything / you / drink / drinking)?

Let's Read! 読解力を高めよう！

次のパッセージを読んで 1～3 の質問に答えましょう。 2-38

Karaoke

The music video for *Sunday Morning* begins with a scene at a karaoke bar. The band Maroon 5 <u>came up with</u> this idea when they were in Japan and noticed a few of their songs on the karaoke list at a karaoke bar. Karaoke is popular around the world, and it all started in Japan. "Kara" means empty, and "oke" is short for orchestra. In other words, you sing along with recorded music instead of live music. The original technology was used on television shows, and a Japanese man invented the first karaoke machine in the early 1970s. Nowadays, karaoke is everywhere in Japan.

1. The underlined phrase "came up with" means "_____."
   (A) agreed with
   (B) thought of
   (C) heard

2. Members of Maroon 5 found _____ of their songs on the karaoke list at a bar in Japan.
   (A) a small number
   (B) quite a few
   (C) most

3. Which sentence is true about karaoke?
   (A) The word "karaoke" is made by dividing one word into two words.
   (B) The original technology of karaoke was used in movie theaters.
   (C) The first karaoke machine was created before 1980.

NOTE

in other words：つまり

Challenge Yourself! リスニング力を試そう！

Part I (Photographs)

🎵 2-39

(A)～(C) の英文を聞き、写真の描写として最も適切なものを選びましょう。

1.

(A)　(B)　(C)

2.

(A)　(B)　(C)

Part II (Question-Response)

🎵 2-40

最初に聞こえてくる英文に対する応答として最も適切なものを (A)～(C) の中から選びましょう。

3. (A)　(B)　(C)
4. (A)　(B)　(C)

Part III (Short Conversations)

🎵 2-41

会話を聞き、下の英文が会話の内容と合っていればT（True）、間違っていればF（False）を○で囲みましょう。

5. The man says that he knows the origin of the group's name.　　　T　　F
6. The group released their first album in 2001.　　　T　　F

Let's Review! しっかり復習しよう！

Quick Response Training

 2-42

1. 日本語の文と同じ意味を表すようにカッコ内に適切な単語を入れて英文を完成させましょう。
2. 日本語の文を見てすぐさま対応する英文が言えるように繰り返し練習しましょう。英文の箇所を隠して練習すると効果的です。
3. 1〜10 までの日本語の文を何秒で英文にして言えるかペアで競い合ってみましょう。

Your Time : ( ) **seconds**

1. 今日はここにお越しいただきありがとうございます。	1. Thank you for ( ) here today.
2. 雨はもうやみましたか？	2. Has it stopped ( ) yet?
3. （私は）待つのは構いません。	3. I don't mind ( ).
4. （私は）車の運転に慣れていません。	4. I'm not used to ( ).
5. あなたと一緒に仕事をするのを楽しみにしています。	5. I'm looking forward to ( ) with you.
6. 皿洗いはもう終わりましたか？	6. Have you finished ( ) the dishes?
7. おかけになりませんか？	7. Would you like to ( ) down?
8. 英語を話す練習をしましょう。	8. Let's practice ( ) English.
9. ローマを訪問したことは決して忘れません。	9. I'll never forget ( ) Rome.
10. 忘れずに電話してください。	10. Don't forget to ( ) me.

Linguaporta Training

授業の復習として、リンガポルタの問題を解いておきましょう。
次回授業の始めに復習テストがあります。

巻末資料

品詞の分類

名詞や動詞といった文法上の区分のことを<u>品詞</u>と言い、一般に下のように分類されます。

品　　詞	働　　き	例
名詞（Noun）	人や物事の名前を表す。	company, sale など
冠詞（Article）	名詞の前に置かれて、その単語が特定されるものかどうかを示す。	a, an, the
代名詞（Pronoun）	名詞の代わりをする。	I, my, me, mine など
動詞（Verb）	人や物事の状態や動作を表す。	want, keep, take など
助動詞（Auxiliary verb）	動詞と組み合わせて話し手の判断を示す。	can, will, must など
形容詞（Adjective）	人や物事の性質や状態などを表す。	big, beautiful など
副詞（Adverb）	動詞や形容詞、他の副詞などを修飾する。	really, always など
前置詞（Preposition）	名詞や名詞句の前に置かれ句を作る。	of, in, under, on など
接続詞（Conjunction）	語と語、句と句、節と節をつなぐ。	and, because, or など
間投詞（Interjection）	話し手の感情を表す。	oh, wow, ouch など

　単語は必ずしも 1 つの品詞でしか使われないわけではありません。意味のわからない単語を辞書で引く場合も、その単語の品詞が何であるかをあらかじめ考えておくと、正しい意味に早くたどり着けるようになります。

文の要素と基本文型

英文を構成する要素には次のようなものがあります。

主語	文の中で「〜が、〜は」に当たるもの。	名詞、代名詞
述語動詞	文の中で「〜である」や「〜する」に当たるもの。	動詞
目的語	「〜を」や「〜に」など、動作の対象を示すもの。	名詞、代名詞
補語	主語や目的語が「どういうものか」もしくは「どんな状態なのか」を補足説明するもの。 ex. My name is Robert, but everyone calls me Bob. （私の名前はロバートですが、みんな私のことをボブと呼びます）	名詞、代名詞、形容詞
修飾語（句）	主語、述語動詞、目的語、補語に意味を付け加えるもの。 修飾語（句）を除いても文は成立します。 ex. I work for Sunrise Corporation. （私はサンライズ・コーポレーションに勤めています）	形容詞、副詞、前置詞句など

また、英文の基本文型としては下に挙げる **5 文型**がよく知られています。

第 1 文型	SV（主語 + 動詞）	I cried.（私は泣いた）
第 2 文型	SVC（主語 + 動詞 + 補語）	My name is Robert. （私の名前はロバートです）
第 3 文型	SVO（主語 + 動詞 + 目的語）	I studied economics. （私は経済学を学びました）
第 4 文型	SVO_1O_2 （主語 + 動詞 + 目的語 1+ 目的語 2）	Julia gave me the report. （ジュリアが私にその報告書をくれました）
第 5 文型	SVOC （主語 + 動詞 + 目的語 + 補語）	Everybody calls me Bob. （みんな私のことをボブと呼びます）

　主語（Subject）、**述語動詞**（Verb）、**目的語**（Object）、**補語**（Complement）という基本要素の中で、目的語と補語の区別が文型を見分けるポイントになります。目的語は動詞が表す動作の対象を示し、補語は主語や目的語が「どういうものか」もしくは「どんな状態なのか」を補足説明するものです。ですから、第 2 文型と第 3 文型を見分ける場合、「**第 2 文型の場合 S ＝ C、第 3 文型の場合 S ≠ O**」という関係に着目するとよいでしょう。また、第 4 文型と第 5 文型を見分ける場合には、「**第 4 文型の場合 O_1 ≠ O_2、第 5 文型の場合 O ＝ C**」という関係が成り立つことに注意しておくことです。

人称代名詞の種類と格変化表

人称	数	主格 （〜は）	所有格 （〜の）	目的格 （〜に、〜を）	所有代名詞 （〜のもの）	再帰代名詞 （〜自身）
1 人称	単数	I	my	me	mine	myself
	複数	we	our	us	ours	ourselves
2 人称	単数	you	your	you	yours	yourself
	複数					yourselves
3 人称	単数	he	his	him	his	himself
		she	her	her	hers	herself
		it	its	it	—	itself
	複数	they	their	them	theirs	themselves

不規則動詞変化表

	原形	過去形	過去分詞	現在分詞	
A-A-A （原形、過去形、過去分詞がすべて同じ）	cost cut hit put read	cost cut hit put read [réd]	cost cut hit put read [réd]	costing cutting hitting putting reading	（費用が）かかる 切る 叩く 置く 読む
A-B-A （原形と過去分詞が同じ）	become come run	became came ran	become come run	becoming coming running	～になる 来る 走る
A-B-B （過去形と過去分詞が同じ）	bring buy catch feel have hear keep leave make meet pay say spend stand teach tell think understand	brought bought caught felt had heard kept left made met paid said spent stood taught told thought understood	brought bought caught felt had heard kept left made met paid said spent stood taught told thought understood	bringing buying catching feeling having hearing keeping leaving making meeting paying saying spending standing teaching telling thinking understanding	持ってくる 買う 捕まえる 感じる 持っている 聞く 保つ 立ち去る 作る 会う 払う 言う 過ごす 立つ 教える 話す 思う 理解する
A-B-C （原形、過去形、過去分詞がすべて異なる）	be begin break choose drink eat fall get give go know see speak take write	was / were began broke chose drank ate fell got gave went knew saw spoke took wrote	been begun broken chosen drunk eaten fallen gotten/got given gone known seen spoken taken written	being beginning breaking choosing drinking eating falling getting giving going knowing seeing speaking taking writing	～である 始まる 壊す 選ぶ 飲む 食べる 落ちる 手に入れる 与える 行く 知っている 見る 話す 取る 書く

音　節

　音節とは、簡単に言うと、「母音を中心とした音のかたまり」で、[ái] といった二重母音も 1 つの母音と考えます。hot [hát] や big [bíg] などのごく短い単語は 1 音節ですが、strike [stráik] など、一見長そうに見える単語でも母音は [ái] しかありませんので、実は 1 音節です。

　単語が何音節であるかは、辞書に載っています。例えば、interesting を辞書で調べてみると、in・ter・est・ing のように区切られて表示されており、この区切りが音節の区切りを示しています。したがって、interesting は 4 音節だとわかります。慣れるまでは辞書で確かめるようにしてください。

発音記号の読み方①　母音編

母音と子音

　「母音」とは、日本語の「アイウエオ」のように、肺から出る空気が舌や歯、唇などに邪魔されずに自由に口から出る音のことです。これに対して、「子音」とは、喉から出る息や声が途中でいろいろと邪魔されて、口や鼻から出る音のことです。

有声音と無声音

　声帯が振動する音のことを「有声音」と言い、逆に声帯が振動しない音のことを「無声音」と言います。母音はすべて有声音ですが、子音には有声音と無声音の両方があります。

 2-43, 44

短母音	[ɑ]	口を思いきり開け口の奥の方から「ア」。	box / hot
	[ʌ]	口をあまり開けない「ア」。	come / bus
	[ə]	口を軽く開けて弱く「ア」。	woman / about
	[æ]	「エ」の口の形で「ア」。	bank / hand
	[i]	日本語の「イ」と「エ」の中間。	sick / it
	[i:]	唇を左右に引いて「イー」。	see / chief
	[u]	[u:] よりも少し唇をゆるめて「ウ」。	good / look
	[u:]	唇を小さく丸めて「ウー」。	school / two
	[e]	日本語の「エ」とほぼ同じ。	net / desk
	[ɔ:]	口を大きく開け唇を少し丸めて「オー」。	talk / ball
	[ɑ:r]	口を大きく開けて「アー」の後、舌先を巻き上げた音を添える。	large / far
	[ə:r]	口を軽く開けて「アー」の後、舌先を巻き上げた音を添える。	girl / work
二重母音	[ei]	始めの音を強く発音し、後の音は軽く添える感じで、「エィ」。	game / say
	[ɔi]	上と同じ感じで、「オィ」。	boy / oil
	[ai]	上と同じ感じで、「アィ」。	write / kind
	[au]	上と同じ感じで、「アゥ」。	house / now
	[ou]	上と同じ感じで、「オゥ」。	boat / cold
	[iər]	「イァ」に舌先を巻き上げた音を添える。	dear / hear
	[eər]	「エァ」に舌先を巻き上げた音を添える。	air / bear
	[uər]	「ウァ」に舌先を巻き上げた音を添える。	poor / tour

発音記号の読み方② 　子音編

🎵 CD 2-45〜50

破裂音	[p]	「パ」行子音とほぼ同じ。	pen / cup
	[b]	[p]の有声音。「バ」行子音とほぼ同じ。	big / job
	[t]	「タ」行子音とほぼ同じ。	tea / meet
	[d]	[t]の有声音。「ダ」行子音とほぼ同じ。	day / food
	[k]	「カ」行子音とほぼ同じ。	cook / take
	[g]	[k]の有声音。「ガ」行子音とほぼ同じ。	game / leg
摩擦音	[f]	下唇を上の歯にあて、息を出して「フ」。	five / enough
	[v]	[f]の有声音で、「ヴ」。	voice / wave
	[θ]	舌先を前歯で軽く噛むようにして「ス」。	think / month
	[ð]	[θ]の有声音で、「ズ」。	there / brother
	[s]	「サ、ス、セ、ソ」の子音とほぼ同じ。	sea / nice
	[z]	[s]の有声音で、「ザ、ズ、ゼ、ゾ」の子音とほぼ同じ。	zoo / lose
	[ʃ]	「シ」とほぼ同じ。	she / fish
	[ʒ]	[ʃ]の有声音で、「ジ」。	usual / vision
	[h]	「ハー」と息を吹きかけてガラスを曇らせるときのような「ハ」。	hot / hand
破擦音	[tʃ]	「チャ」「チュ」「チョ」の子音とほぼ同じ。	church / watch
	[dʒ]	[tʃ]の有声音で、「ヂャ」「ヂュ」「ヂョ」の子音とほぼ同じ。	join / edge
鼻音	[m]	「マ」行子音とほぼ同じ。	meet / time
	[n]	舌の先を上の歯茎につけて、鼻から息を出す。	noon / run
	[ŋ]	[g]を言うつもりで、鼻から声を出す。	thing / song
側音	[l]	必ず舌の先を上の歯茎につける。	late / wall
移行音	[r]	「ウ」のように唇をすぼめる感じで、舌先は歯茎につけない。	red / marry
	[w]	唇をよく丸めて発音する。	way / quick
	[j]	「ヤ、ユ、ヨ」の子音とほぼ同じ。	young / beyond

LINGUAPORTA

リンガポルタのご案内

リンガポルタ連動テキストをご購入の学生さんは、「リンガポルタ」を無料でご利用いただけます！

　本テキストで学習していただく内容に準拠した問題を、オンライン学習システム「リンガポルタ」で学習していただくことができます。PCだけでなく、スマートフォンやタブレットでも学習できます。単語や文法、リスニング力などをよりしっかり身に付けていただくため、ぜひ積極的に活用してください。

　リンガポルタの利用にはアカウントとアクセスコードの登録が必要です。登録方法については下記ページにアクセスしてください。

https://www.seibido.co.jp/linguaporta/register.html

本テキスト「ポップスでスタート！基礎英語」のアクセスコードは下記です。

7203-2044-1231-0365-0003-0064-7NXV-LDTV

・リンガポルタの学習機能（画像はサンプルです。また、すべてのテキストに以下の4つの機能が用意されているわけではありません）

● 多肢選択

● 空所補充（音声を使っての聞き取り問題も可能）

● 単語並びかえ（マウスや手で単語を移動）

● マッチング（マウスや手で単語を移動）

TEXT PRODUCTION STAFF

edited by　　編集
Takashi Kudo　　工藤 隆志

cover design by　　表紙デザイン
Nobuyoshi Fujino　　藤野 伸芳

illustration by　　イラスト
Yoko Sekine　　関根 庸子

CD PRODUCTION STAFF

recorded by　　吹き込み者
Jack Merluzzi (AmE)　　ジャック・マルージ（アメリカ英語）
Rachel Walzer (AmE)　　レイチェル・ワルザー（アメリカ英語）
Yuki Minatsuki (JPN)　　水月 優希（日本語）

Let's Learn English with Pop Hits!
ポップスでスタート！ 基礎英語

2020年1月20日　初版発行
2022年3月15日　第4刷発行

著　　者　　角山 照彦　　Timothy F. Hawthorne

発 行 者　　佐野 英一郎

発 行 所　　株式会社 成美堂
　　　　　　〒101-0052　東京都千代田区神田小川町3-22
　　　　　　TEL 03-3291-2261　FAX 03-3293-5490
　　　　　　https://www.seibido.co.jp

印 刷・製 本　　三美印刷株式会社

ISBN 978-4-7919-7203-6　　　　　　　　　　　　Printed in Japan